D0188540

National 5
FRENCH
SUCCESS GUIDE

N5 FRENCH
SUCCESS GUIDE

Ann Robertson

© 2014 Leckie & Leckie Ltd
Cover © ink-tank and associates

001/04122014

10 9 8 7 6 5 4 3 2 1

ISBN 9780007504862

Published by
Leckie & Leckie Ltd
An imprint of HarperCollins*Publishers*
Westerhill Road, Bishopbriggs, Glasgow, G64 2QT
T: 0844 576 8126   F: 0844 576 8131
leckieandleckie@harpercollins.co.uk   www.leckieandleckie.co.uk

Publisher: Fiona Burns
Project manager: Craig Balfour

Special thanks to
Helen Bleck (Copy-edit)
Louise Robb (Proofread)
Donna Cole (Proofread)
Marie Ollivier-Caudray (Proofread)
QBS (layout)

Printed in Great Britain by Martins the Printers

A CIP Catalogue record for this book is available from the British Library.

Acknowledgements

P89 © 360b / Shutterstock.com

All other images © Shutterstock.com

Whilst every effort has been made to trace the copyright holders, in cases where this has been unsuccessful, or if any have inadvertently been overlooked, the Publishers would gladly receive any information enabling them to rectify any error or omission at the first opportunity.

Contents

Course summary

This book is designed to give you all the information you need to make sure you are fully prepared for success in National 5 French.

To start with, let's look at how the course is structured. Getting this clear in your head before you begin to study is an important part of your preparation. It will help you plan your revision and make sure you are clear about what you need to know right from the start.

The National 5 course has been designed to support you in developing French language skills in **reading**, **listening**, **talking** and **writing** in four different contexts: **society, learning, employability** and **culture**.

Within each of these contexts there are different topics, and within each of the topics there are suggested areas for topic development. The topic development really just means the vocabulary areas that you will cover as part of these topics.

The table below gives you an overview of the contexts, the topics and the topic development of the National 5 course.

Context	Topics	Topic development
Society	Family and friends	Family and friends
		Relationships
		Ideal parents
		Types of friends
		Peer pressure
	Lifestyles	Health and wellbeing
		Lifestyle-related illnesses
		Advantages/disadvantages of a healthy/unhealthy lifestyle
	Media	Reality TV
		Advantages/disadvantages of new technology, e.g. Internet, mobile phones
	Global languages	Language learning and relevance
	Citizenship	Description of local area as a tourist centre
		Comparison of town and country life
		Being environmentally friendly in the home
Learning	Learning in context	Activities you like and dislike in modern languages and other subjects
		Preparing for exams
	Education	Comparing education systems
		Improving your own education system
		Learner responsibilities
Employability	Jobs	Part-time jobs and studying
		Qualities for present/future jobs
		Future plans
	Work and CVs	Planning and reporting back on work experience
		Reviewing achievements and ambitions

Context	Topics	Topic development
Culture	Planning a trip	Importance of travel and learning a foreign language
		Describing your best holiday
		Attitudes to travel
	Other countries	Aspects of other countries including educational, political, social and economic aspects
	Celebrating a special event	Comparing special events, traditions, celebrations and events in another country
		Importance of customs and traditions
	Literature of another country	Literary fiction, e.g. short stories – understanding and analysing
	Film and television	Studying films in modern languages
		Studying television in other countries

All of your National 5 assessments will link to these contexts and topic areas, so it's important that you cover them as part of your revision.

To help you with this, this book is grouped into each of these areas and includes vocabulary, easy to follow grammar guides, and listening, reading and writing exercises in each section. This should help you to ensure that you've covered everything you need to feel ready for your final assessments. Answers to all exercises are included at the back of the book.

In addition to this, there are sections at the back of the book designed to give you extra support in preparing for your talking, writing, reading and listening assessments. There is also a key vocabulary section that includes a bank of high frequency vocabulary, the top verbs you should be familiar with for National 5 (the most common words that come up all the time), some other basic vocabulary (numbers, etc.) and, of course, lots of exercises and top tips to help you remember it all!

Audio tracks to support all listening activities in this book are available to download from the Leckie and Leckie website. Go to www.leckieandleckie.co.uk/n5french

This book is designed to be your one-stop shop in getting ready for National 5 French. Work your way through the exercises, pay special attention to the top tips and you will give yourself a big helping hand in achieving success in National 5 French!

Bonne chance, bon courage et bon travail !

Assessment summary

There are two parts to National 5 assessment:

1. Unit assessments

In order to pass National 5 as a whole, you must also pass a minimum of **four** unit assessments. These four unit assessments are subdivided into **two** groupings: **understanding language** (reading and listening) and **using language** (talking and writing). These take place throughout the year and are part of your ongoing coursework. You must pass one in each of reading, listening, talking and writing. These are all graded as pass or fail. If you've passed these, then you have qualified to sit the final assessments and you've also now got these in the bag. No matter what happens from this point onwards, you will have your National 5 unit awards.

2. External assessments

The external assessments are your final exams. These are graded A–D and this grade is determined by a percentage of your overall marks for each of the assessments listed below.

The percentages are usually as follows:

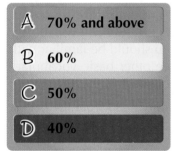

A   **70% and above**

B   **60%**

C   **50%**

D   **40%**

TOP TIP

Be as prepared as possible for your talking and writing assessments so that you can pick up as many marks as possible. These are two areas you can prepare for in advance and learn a lot of prior to the assessment. Always remember that an extra half-an-hour of practise could be the difference between an A and a B!

This percentage is taken as a mark out of 100 from the following assessments combined:

Assessment	Breakdown	Marks	Total marks
Performance (listening and talking)	Presentation	10	30
	Discussion	15	
	Natural spontaneous conversation	5	
Reading and writing	Reading	30	50
	Writing	20	
Listening	Listening	20	20
Total marks			100

Assessment in detail

Performance (listening and talking)

Exam time: Approximately 5–7 minutes in total (1–2 minutes of presentation with 4–5 minutes of follow-up discussion).

Presentation: 10 marks
Discussion: 15 marks
Natural spontaneous conversation: 5 marks

Total performance marks: 30
Percentage of overall mark: 30

Your performance assessment is a test of your ability to talk, listen and respond in the language. There are **two** main parts to this assessment: a **presentation** and then a **follow-up discussion**. You can choose which context you would like to present on and discuss, and this could be from any one of society, learning, employability or culture.

Your choice of topic is important and it is worth choosing something you feel comfortable with and happy to talk about. If you love sports, for example, choose to talk about them. It's always easier to talk about something you enjoy!

The presentation should last approximately **1–2 minutes**. As it can be prepared by you in advance, this is really a chance for you to shine and show what you can do in French. You are allowed five headings, of not more than eight words per heading, which you can use as an aide-memoire during the assessment. These can be in French or in English. Learn your presentation as well as you can in advance and you will benefit from feeling more relaxed and comfortable on the day of the assessment.

Your teacher will most likely make a comment about how interesting your presentation was and then will go on to ask you questions related to the topic. This is the start of the conversation part of the assessment.

The conversation will last approximately **4–5 minutes** and you will be marked on various different elements, e.g. your accuracy and ability to communicate clearly when speaking French, your ability to understand the questions, how well you can maintain a conversation and how natural you sound.

You can prepare for the conversation if you know roughly the types of things you might be asked about. For example, if you are presenting about your pastimes and sport then you might be asked about healthy living more generally. You can look at the context you have chosen and make sure you have lots of answers prepared for this. You can't have all the answers prepared off by heart, but it helps to have a bank of good phrases you can use to help your conversation to stand out.

TOP TIPS FOR TALKING

- Talking can be really nerve-racking and a lot of students become anxious about this part of the assessment. Be as prepared as you can be to help calm your nerves and imagine yourself in the exam situation speaking French really well and being relaxed and confident. Think of yourself as being successful and you will do better as a result.

- Have a rescue phrase ready in case you don't know what to say or have a long hesitation. Hesitation is normal and natural – it's how you recover that is the main thing. A generic phrase like, 'I'm not sure what I think about that, it's all the same to me' or 'Sorry, I lost my train of thought' can rescue you from a long pause when you've gone completely blank.

- Record yourself or ask your teacher/foreign language assistant to record themselves reading your presentation and listen to it all the time to help you remember it off by heart. Other than that, you just have to practise, practise and practise some more until it's perfect.

Reading and writing exam

Your reading and writing exams are grouped together and there is no break between starting one paper and then moving on to the next. Be aware of this and practise getting your timings right to make sure you leave yourself enough time for both. Most people would probably need about an hour for the reading and then 30 minutes for the writing.

- Exam time: 1 hour 30 minutes
- Reading: 30 marks
- Writing: 20 marks

- Total paper marks: 50
- Percentage of overall mark: 50

Reading

The reading is made up of **three texts** (each worth 10 marks) and accompanying comprehension questions. Each question is worth a different number of marks and you should use this as a guide to how much information you should write for each answer. Make sure you include all details, as these are usually required in order to get even just 1 mark.

There is also one question known as the 'overall purpose question'. It is designed to see if you have understood the purpose of a reading text as a whole and will usually be a tick-box question, so you will be able to choose the answer.

You are allowed to use a dictionary in this exam.

TOP TIPS FOR READING

- Always read the questions carefully before you read the text. This will give you a good understanding of the text before you start and will give you an idea of what you are looking for in your answers.
- Always answer in full sentences. This helps ensure that you give enough detail. A lot of marks are lost just through missing out key details. For example, answering 'By the beach' as opposed to 'Their summer house is located by a small beach'.
- Make sure your answers make sense and the English is correct. This can often be the biggest mistake candidates make, and can lose you marks.
- Never miss out the extra information. Words like 'very', 'often', 'a little', 'a lot' are often required to get you 1 mark so make sure you include them in your answers where they come up in the text. For example, 'She eats ice-cream' will get you no marks, but 'She eats a lot of ice-cream' will get you 1 mark.

Writing

The context for the writing part of the exam is a job application for which you will have to write between **120 and 150** words in French. You are allowed a dictionary in this exam.

You won't know what the job is but you can prepare text that can then be adapted, such as:

To whom it may concern, My name is _____. I'm a student in _____ and I am looking for work experience in France. I would therefore like to apply for the job of _____.

There are six bullet points in total which then have to be answered in your job application. Four of these are always the same, so you can prepare these in advance:

- Personal details (name, age, where you live)
- School/college/education experience until now
- Skills/interests you have which make you right for the job
- Related work experience

You should write **20–30 words** for each of these bullet points.

The last two bullet points are unseen in advance but they will relate to the world of work, e.g. when you are available to start work, if you have any experience of using your language skills in the workplace, if you have experience of working with the public, etc. This means that, up to a point, you can prepare these too. The writing section at the back of this book has a bank of vocabulary that you can use to help you prepare for this section of the writing paper.

You should write **at least 15 words** for the final two unseen bullet points.

Listening

TOP TIPS FOR WRITING

- You can learn a lot of the writing task beforehand and be as prepared as you can in advance for this exam. See this as a gift. Being prepared will help you feel more relaxed about it, and having a good piece of writing ready will ensure you can pick up extra marks easily.
- Choose to include some complicated and interesting phrases – this will make your writing stand out.
- Use a variety of verbs and tenses to demonstrate your knowledge of the language.

There are two parts to the listening exam. In the first part, you will listen to a monologue (one person talking) and answer comprehension questions, plus one overall purpose question about what they have said. These questions will be worth 8 marks in total. You will hear the monologue three times, with a pause of 1 minute between each playing.

Exam time: 25 minutes
Total marks: 20

Percentage of overall mark: 20

In the second part, you will listen to a conversation between two people. This will often be in the form of an interview. As in the first part, you will listen to the conversation three times altogether, with a pause of 1 minute between each playing. The questions for this part of the assessment are all comprehension questions and are worth a total of 12 marks.

All questions are in English.

TOP TIPS FOR LISTENING

- It is crucial that you read the questions carefully before you start a listening assessment. Pick out the key words from each question so that you know for what you are listening out. For example, if the question is 'What did he like about the job?', then listen for positive things said about work. Have a quick think in advance about what these things could be. This will help you identify the answers as they come up. Circling question words like when and where can help to focus your attention on the key details to listen out for.
- Take notes and answer the questions in sentences during the pauses. Listening and writing simultaneously is a skill, so practise doing this in note form as you listen. When you have the 1-minute pause, you will then be able to return to the text and write out your answers in full (including all details of course!)
- Have a listening assessment routine. Know exactly how you are going to use your time in the listening and apply it whenever you revise or complete practice papers. This might include reading the questions, quickly mind mapping possible answers, taking notes when listening, and writing your answers in the pauses. Having a method and an approach helps to build confidence.
- Predicting possible answers can help you think of possible vocabulary which might come up.

Family

As you move into National 5 level, family and friends vocabulary develops and now focuses on your relationships. Be proud of this progression in your French knowledge and always be sure to show off what you can do.

Vocabulary: family relationships

Let's look at describing relationships within your family.

Nous (ne) sommes (pas) une famille unie	We are (not) a close family
Je m'entends très bien avec	I get on really well with
Je ne m'entends pas bien avec	I don't get on well with
J'aime passer du temps avec ma famille	I like spending time with my family
On se dispute souvent	We often argue
On ne se dispute jamais	We never argue
On se dispute à propos de l'argent	We argue about money
Ils me traitent comme un enfant	They treat me like a child
Ils me donnent beaucoup de liberté	They give me lots of freedom
Mon père me critique	My dad criticises me
J'ai le droit de sortir le soir	I'm allowed to go out at night
Je n'ai pas le droit de rentrer tard le soir	I'm not allowed to return home late at night
Je fais ce que je veux	I do what I like
Ma mère a une bonne influence sur moi	My mum is a good influence on me

Exercise 1

Read the phrases below and decide if they are ***vraies*** (true) or ***fausses*** (false) for you and your family relationships.

1. *Je ne m'entends pas bien avec ma famille.*
2. *Je fais ce que je veux chez moi.*
3. *Ma mère me critique tout le temps.*
4. *Mon père me traite comme un enfant.*
5. *J'aime passer du temps avec mes parents.*
6. *Mes parents ne me donnent pas beaucoup de liberté.*
7. *Je n'ai pas le droit de sortir le soir.*

Exercise 2

Read the following text about a family of penguins and answer the questions in English.

Les pingouins en Antarctique

J'habite avec ma mère et mon père en Antarctique, sur un glacier au bord de la mer. Il fait très froid en Antarctique mais nous, les pingouins, sommes habitués au froid ! Des fois, la température est de moins soixante degrés. Les humains pensent que les pingouins sont mignons, mais en réalité nous sommes très forts. Nous habitons la région la plus hostile et froide de la terre ! C'est une vie difficile mais c'est chez nous et je suis heureuse ici.

J'ai passé mon enfance avec mon père. Ma mère était absente parce qu'elle pêchait quand j'étais bébé. Malheureusement, je suis fille unique ! C'est dommage, j'aimerais bien un petit frère !

Mes parents sont mariés depuis six ans et ils sont très fiables et heureux. Ils m'apprennent comment me protéger contre les prédateurs. Mes parents me donnent beaucoup de liberté. Nous avons de petites disputes de temps en temps, comme toutes les familles, mais en général, je m'entends très bien avec mes parents. J'ai vraiment de la chance !

TOP TIP

Always read the questions carefully first. Identify the key words and highlight them so that you then know what you're looking for in French.

1. Where do the penguins live? Give details. (3)
2. What does the penguin say about the temperature? (2)
3. What does she say about her parents when she was young? (2)
4. What does she say about brothers and sisters? (2)
5. How does she get on with her parents? Mention any three things. (3)
6. What is the text mainly about? Tick the correct box. (1)

1. How penguins survive in Antarctica	☐
2. How penguins support each other	☐
3. The family life of penguins	☐

Friends

You can pick and mix vocabulary about family and friends from pages 14 and 15 to give you a range of ways of describing your relationships.

Mes amis	My friends
Mon/Ma meilleur(e) ami(e)	My best friend
J'ai plusieurs meilleur(e)s ami(e)s	I have several best friends
Mes camarades de classe	My classmates
Mes ami(e)s proches	My close friends
On sort ensemble	We go out together
On parle au téléphone	We talk on the phone
On s'envoie des SMS	We text each other
On sort le soir	We go out in the evening
On discute de tout	We talk about everything
On a des choses en commun	We have things in common
On a les mêmes goûts	We have the same tastes
On rigole ensemble	We have a laugh
Pour moi, un bon ami c'est quelqu'un ...	For me a good friend is someone ...
qui a beaucoup d'humour	with a good sense of humour
qui est fidèle	who is loyal
qui me comprend	who understands me

TOP TIP

Focus on learning no more than 10–20 new words or phrases per hour.

Exercise 1: Les amis

Read the following statements about relationships with family and friends. Think of someone you know who fits this description and write who it is in French in the column provided, for example, Ma mère, mon meilleur ami, etc. If there is no one, you can write 'personne' (nobody). You can refer to the vocabulary on pages 10 and 12 to help you. English translations of the phrases can be found on page 119.

Phrase	Qui est-ce ? e.g. C'est ma mère
1. On s'entend bien.	
2. On peut parler de tout.	
3. Je peux me confier à cette personne.	
4. Il/Elle a beaucoup d'humour.	
5. Il/Elle me critique tout le temps.	
6. On parle souvent au téléphone.	
7. On sort le soir.	
8. On s'envoie des SMS.	
9. On a des choses en commun.	
10. On se dispute.	

Exercise 2

Read through the following descriptions of relationships with friends and organise them into two columns under the headings *Un bon ami* and *Un mauvais ami*.

1. C'est quelqu'un qui a une bonne influence sur moi.
2. Je peux me confier à cette personne.
3. On se dispute souvent.
4. Il me critique beaucoup.
5. On ne peut pas parler de tout.
6. On ne s'entend pas bien.
7. On ne se dispute jamais.
8. C'est une personne qui n'a pas une bonne influence sur moi.
9. On n'a rien en commun.
10. C'est une personne qui est très fidèle.
11. Elle ne me comprend pas.
12. On rigole ensemble.

Exercise 3

Now listen to the conversation between two French teenagers, Sadiq and Adèle, who are talking about their classmates.

What do Sadiq and Adèle think about their friends? Complete the table below.

Audio tracks to support all listening activities in this book are available to download from the Leckie and Leckie website. Go to www.leckieandleckie.co.uk/n5french

Friend	Sadiq's opinion	Adèle's opinion
Christophe Sophie André Max		

Exercise 4

Now read the following text and answer the questions in English.

 Melissa : *Je trouve que mes amis me comprennent et qu'on peut rigoler ensemble. Nous avons nos blagues à nous et nous nous soutenons les uns les autres, quand par exemple on a des problèmes à l'école ou dans nos vies personnelles. Je passe la plupart du temps avec mes amis à l'école et on essaie toujours de déjeuner ensemble. Ma meilleure amie habite une maison très proche de la mienne, donc généralement nous rentrons ensemble à la fin de la journée scolaire. En dehors de l'école, nous nous retrouvons souvent le soir pour aller voir un film au cinéma ou pour prendre un café quelque part. Sinon, nous faisons nos devoirs chez moi (j'ai une grande chambre rien que pour moi). C'est plus facile quand on travail comme ça !*

1. What does Melissa think of her friends? Mention any three things. (3)
2. Where does she say that they spend most of their time and what do they always try to do together? (2)
3. Where does her best friend live? (1)
4. What do they do outside school? (3)
5. What is the overall theme of this text? Tick the correct box.

> 1. How she spends time with her friends. ☐
> 2. What she talks about with her friends. ☐
> 3. Her friends and family problems. ☐

Describing family and friends

This section will take you through structures and vocabulary to describe your family and friends.

Adjectives describing your family and friends

This table of adjectives will help to support you in writing descriptively about your family and friends. It's organised into masculine, feminine, singular and plural to help you learn which spelling of the adjective you should use depending on who you are describing (in this case father, parents, mother, sisters).

Masculine singular	Masculine plural	Feminine singular	Feminine plural	English
mon père est ...	*mes parents sont ...*	*ma mère est ...*	*mes soeurs sont ...*	My father is/my parents are/my mother is/my sisters are ...
amusant	*amusants*	*amusante*	*amusantes*	fun
autoritaire	*autoritaires*	*autoritaire*	*autoritaires*	bossy
bête	*bêtes*	*bête*	*bêtes*	stupid
casse-pieds	*casse-pieds*	*casse-pieds*	*casse-pieds*	annoying
compréhensif	*compréhensifs*	*compréhensive*	*compréhensives*	understanding
drôle	*drôles*	*drôle*	*drôles*	funny
égoïste	*égoïstes*	*égoïste*	*égoïstes*	selfish
embêtant	*embêtants*	*embêtante*	*embêtantes*	annoying
ennuyeux	*ennuyeux*	*ennuyeuse*	*ennuyeuses*	boring
gâté	*gâtés*	*gâtée*	*gâtées*	spoilt
généreux	*généreux*	*généreuse*	*généreuses*	generous
gentil	*gentils*	*gentille*	*gentilles*	kind
paresseux	*paresseux*	*paresseuse*	*paresseuses*	lazy
sage	*sages*	*sage*	*sages*	sensible
sévère	*sévères*	*sévère*	*sévères*	strict
sympa	*sympas*	*sympa*	*sympas*	nice
têtu	*têtus*	*têtue*	*têtues*	stubborn
timide	*timides*	*timide*	*timides*	shy
travailleur	*travailleurs*	*travailleuse*	*travailleuses*	hard-working

Exercise 1

Use the table opposite to complete any three of the following sentences.

Use at least three adjectives per sentence, e.g. *Ma mère est amusante, généreuse et travailleuse.*

Ma (belle-)mère est ...	My mum (stepmother) is ...
Mon (beau-)père est ...	My dad (stepfather) is ... .
Mes parents sont ...	My parents are ...
Mes parents idéaux seraient ...	My ideal parents would be ...
Mon (ma) meilleur(e) ami(e) est ...	My best friend is ...
Mes amis sont ...	My friends are ...

Exercise 2

Make a mind map with at least five different people you know, e.g. *mon père, ma grand-mère, mon professeur d'histoire,* etc. Then come up with as many different phrases as you can to describe each of them.

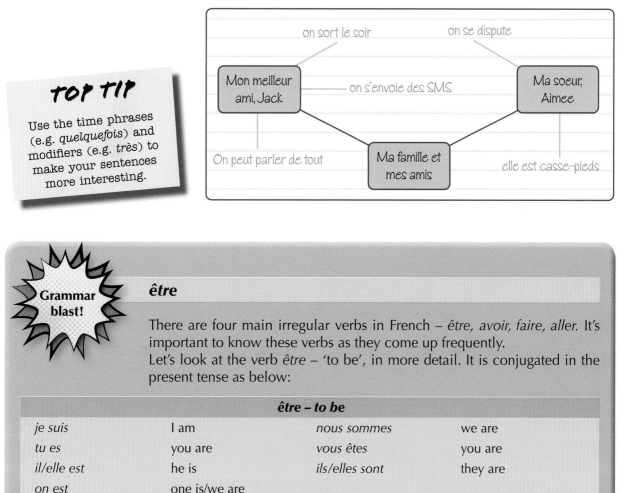

TOP TIP

Use the time phrases (e.g. *quelquefois*) and modifiers (e.g. *très*) to make your sentences more interesting.

on sort le soir   on se dispute

Mon meilleur ami, Jack — on s'envoie des SMS — Ma soeur, Aimee

On peut parler de tout   Ma famille et mes amis   elle est casse-pieds

---

Grammar blast!

être

There are four main irregular verbs in French – *être, avoir, faire, aller*. It's important to know these verbs as they come up frequently.

Let's look at the verb *être* – 'to be', in more detail. It is conjugated in the present tense as below:

être – to be			
je suis	I am	*nous sommes*	we are
tu es	you are	*vous êtes*	you are
il/elle est	he is	*ils/elles sont*	they are
on est	one is/we are		

Exercise 3

Read the following text by French rap star, MC Rhéa, talking about family, and see if you can add the missing parts of the verb être.

Je __1__ très connue en France et heureusement j'ai le soutien de ma famille. Nous __2__ une famille très unie et on s'entend bien. Nous sommes quatre dans ma famille : moi, mes parents et ma soeur. Ma soeur, Emma, __3__ plus jeune que moi. Je dirais qu'elle __4__ gentille et travailleuse. Mes parents __5__ mariés depuis vingt ans et habitent une petite île sur la côte atlantique. Mon père __6__ chauffeur routier et il adore écouter tous mes grands hits pendant qu'il __7__ sur la route ! J'ai aussi une nièce, Jessie B. Elle __8__ chanteuse et super cool, comme sa tante ! Finalement, je ne pourrais pas travailler sans mes amis et mon entourage. Nous __9__ une très bonne équipe !

TOP TIP

Remember, if a sentence begins with one person's name, it takes the il/elle form of a verb. If it starts with two people's names, it takes the ils/elles form.

Lifestyles 1: healthy and unhealthy eating

The lifestyles topic compares healthy and unhealthy lifestyles. It can make a good talking or writing assessment as it allows you to talk about a variety of things.

Healthy and unhealthy eating

J'essaie de manger sainement	I try to eat well
Je mange cinq fruits et légumes par jour	I eat five fruit and veg a day
Je mange ce que je veux	I eat what I want
Je mange sainement	I eat healthily
J'aime manger .../Je n'aime pas manger ...	I like to eat .../I don't like to eat ...
Je n'aime pas manger	I don't like to eat
... des bonbons	... sweets
... des chips	... crisps
... des fruits et légumes	... fruit and vegetables
... du poisson	... fish
... de la viande	... meat
... de la nourriture grasse et sucrée	... fatty and sweet foods
... des aliments biologiques	... organic food
Je suis végétarien(ne)	I'm vegetarian
J'ai une alimentation équilibrée	I have a balanced diet
Je bois huit verres d'eau par jour	I drink eight glasses of water a day
Je prends le petit-déjeuner le matin	I eat breakfast in the morning
Je déjeune à la cantine	I eat lunch at the canteen

TOP TIP

-ER verbs, like manger, which have a 'g' before the 'er', always keep the letter 'e' in the nous form of the verb, e.g. Nous mangeons.

Exercise 1

From the sentences below, choose and write out those that reflect your attitude to healthy or unhealthy eating.

1. *J'ai/Je n'ai pas une alimentation équilibrée.*
2. *Je (ne) prends (pas) le (de) petit-déjeuner.*
3. *Je déjeune avec mes amis/à la cantine/au fast-food.*
4. *Je bois ___ verres d'eau par jour/Je ne bois pas d'eau.*
5. *J'aime/Je n'aime pas la nourriture grasse et sucrée.*

Exercise 2

Read the following texts in which French pop stars, Joey Dangereux and Sophie Bienvivre talk about their eating habits. Complete the table below with details of each of their attitudes to food, exercise, smoking, alcohol and any other details you might read.

	Joey Dangereux	**Sophie Bienvivre**
Food		
Alcohol		
Smoking		
Opinion		

1. Alors, mes amis écossais, comment ça va ? C'est moi, Joey Dangereux. Je suis batteur dans un groupe de rock qui s'appelle 'Mauvaise santé'. Nous jouons de la musique rock et nous avons un attitude rock aussi ! Moi, je mange toujours ce que je veux ! Je ne mange jamais de fruits ni de légumes, et comme nous sommes souvent en tournée (pour les concerts), je mange beaucoup de malbouffe comme des hamburgers, des pizzas et des frites ; recouvertes de mayonnaise bien sûr ! Comme nous sommes un groupe de rock, nous buvons beaucoup d'alcool et nous fumons tous au moins vingt cigarettes par jour. Je suis une rock star, donc la santé n'est pas du tout importante pour moi.

2. Bonjour, je m'appelle Sophie Bienvivre et je suis chanteuse. C'est important pour moi de soigner mon apparence et j'essaie d'être toujours en forme. Pour garder la forme, je suis un régime assez strict. Je mange beaucoup de fruits et de légumes (j'adore la salade) et j'évite de manger de la nourriture grasse ou trop salée. J'aime les sucreries et de temps en temps je mange un bonbon ou un gâteau, mais ça n'arrive pas souvent. Je bois très rarement de l'alcool ; seulement un verre de champagne de temps en temps, avec ma famille à Noël par exemple. Quant à la cigarette, je ne fume jamais et je ne supporte pas cela. Je dirais que je suis en très bonne santé mais des fois, je pense que c'est un peu ennuyeux de vivre comme ça. La vie, c'est mieux avec une part de gâteau de temps en temps.

Lifestyles 2: sport and exercise

The following vocabulary covers some popular sports. Remember to check if it takes faire or jouer.

Je fais, je joue ou je pratique ?	Sport (French)	Sport (English)
Je joue	au foot	football
	au hockey	hockey
	au basket	basketball
	au golf	golf
	au ping-pong	table tennis
Je fais	de la natation	swimming
	de la randonnée	hill-walking
	de la voile	sailing
	de l'équitation	horse-riding
	du vélo	cycling
	du VTT	mountain biking
	des promenades	walking
Je pratiquer	des sports d'hiver	winter sports
	des sports nautiques	water sports

TOP TIP

jouer is a regular – ER verb meaning 'to play' and, generally, it goes with sports that are ball sports. Always double-check though, as there are some exceptions!

Exercise 1

Listen to the following report from the French secondary school lycée Trèsactif in the town of Gardez-la-forme. The school has recently surveyed 100 local residents to see which sports are most popular in the town. Note down the sports mentioned and the numbers of people who do them.

Sport	Number of people
1.	
2.	
3.	
4.	
5.	
6.	
7.	
8.	

Now read the following opinions about sport. Match the statements to the correct person below by ticking the box.

Sandrine : *Je ne suis pas une personne naturellement sportive, mais je reconnais qu'il est important d'être actif et de faire bouger son corps régulièrement.*

Daniel : *Pour moi, le sport, c'est essentiel. Si je ne fais pas assez de sport, je deviens un peu grincheux et agité.*

Caroline : *J'aime faire du sport mais je n'aime pas le regarder à la télé. Je trouve ça vraiment ennuyeux.*

Hector : *Moi j'aime surtout les sports qu'on pratique en plein air. Ça fait du bien d'être au soleil et de respirer l'air frais !*

	Sandrine	Daniel	Caroline	Hector
1. If I don't do enough sport, I become grumpy and restless.				
2. I don't like to watch it.				
3. I'm not a naturally sporty person.				
4. I especially like sports you do outdoors.				
5. It's important to be active and move your body regularly.				

Grammar blast!

faire

Faire is one of the most commonly used irregular verbs in French. It means both 'to do' and 'to make' in English.

faire (to do/to make)			
je fais	I do/make	nous faisons	we do/make
tu fais	you do/make	vous faites	you do/make
il/elle fait	he/she does/makes	ils/elles font	they do/make
on fait	one does/makes we do/make		

Exercise 3

Using the verb faire and the sports vocabulary, translate the following sentences into French. Remember, where in English we would say 'I go sailing', the French would say 'I do sailing'!

1. We go sailing.
2. You (informal) go horse-riding.
3. They (girls) go mountain-biking.
4. They (boys) go hill-walking.
5. She goes swimming.

Je fais du sport __ fois par semaine	I exercise __ times a week
Pour rester en forme ...	To keep in shape ...
Je fais partie d'une équipe de (foot)	I'm in a (football) club
Je vais à la gym/au centre sportif	I go to the gym/sport centre
Je suis en forme	I'm in good shape
Je dois faire plus de sport	I should do more sport
Je déteste faire du sport	I hate doing sport
Je soigne mon apparence	I take care of my appearance
Ça me maintient en forme	It keeps me in shape

Exercise 4

Using the sports vocabulary in this section, write a short paragraph to describe your own attitude to sport. Check the reading and listening exercises for extra phrases you could use. The example below will help you.

Je suis une personne naturellement sportive. Pour rester en forme, je fais beaucoup de sport. Je fais du footing le week-end avec mon petit frère. J'aime le footing parce que ça me maintient en forme. Je fais aussi de la natation deux fois par semaine.

TOP TIP

Using time phrases gives your writing structure and makes it more interesting, e.g. *Nous faisons du ski de temps en temps*.

Lifestyles 3: unhealthy lifestyles

The final section in the lifestyles topic looks at unhealthy lifestyles.

C'est bon pour la santé	It's good for your health
C'est mauvais pour la santé	It's bad for your health
Je ne supporte pas les cigarettes	I can't stand cigarettes
Je fume __ cigarettes par jour	I smoke __ cigarettes a day
Je trouve que fumer c'est ...	I think smoking is ...
... horrible	... horrible
... dégoûtant	... disgusting
Cela nuit à la santé	It's harmful for your health
Pour être en bonne santé il ne faut pas ...	To be in good health you must not ...
... fumer des cigarettes	... smoke cigarettes
... boire trop de boissons sucrées	... drink too many sugary drinks
... boire trop d'alcool	... drink too much alcohol
... prendre de la drogue	... take drugs
... manger trop de gâteaux et de bonbons	... eat too many cakes and sweets
... manger beaucoup de nourriture grasse	... eat a lot of fatty food
... manger trop de nourriture salée	... eat too much salty food

Grammar blast!

Negatives

Saying 'you must' or 'you must not' is easy in French. It's simple a case of using either 'il faut' or 'il ne faut pas' and then following it with the full infinitive form of the verb. For example, 'il faut manger' – 'you must eat' – and 'il ne faut pas manger' – 'you must not eat'.

Exercise 1

Using the vocabulary above to help you, write the following phrases in French.

1. You must not take drugs.
2. You must not smoke cigarettes.
3. You must be in good health.
4. You must not eat a lot of cakes and sweets.
5. You must not drink too much alcohol.

TOP TIP

Make verb cards with the French on one side of a piece of card and the English on the other. Keep these as a set and use them to revise the words.

Exercise 2

Read the following article about health by Bernard Le But, a famous French footballer, in the French magazine *La Forme*, and then answer the questions about Bernard's attitude to health and well-being in English.

1. Why does Bernard think it's important to be in good shape?
2. What five pieces of advice does Bernard give you with regard to health? Give details.

TOP TIP

Always include all details in order to get a mark! E.g. don't miss out time phrases like 'tous les jours' or modifiers such as très, assez, etc.

Pour moi, il est essentiel de se maintenir en forme. Non seulement parce que je suis joueur de foot, mais aussi parce que j'aime me sentir bien et parce que je trouve que c'est bon pour la santé mentale en général.

Si j'avais des conseils à vous donner, je pense que je dirais qu'il faut manger sainement (beaucoup de fruits et légumes tous les jours et pas trop de bonbons, bien sûr), ne pas boire trop d'alcool (en France on boit du vin mais c'est avec modération je dirais), trouver des sports que vous aimez et les pratiquer régulièrement (la natation ou le vélo par exemple), marcher au lieu de prendre la voiture ou le bus et surtout, éviter de fumer. Les Français ont la réputation de fumer beaucoup et je déteste ça.

Exercise 3

Now look at the text again and see if you can find the French for the following phrases:

1. It is essential to stay in good shape.
2. It's good for your mental health.
3. If I had advice to give you.
4. Do regularly
5. Avoid smoking
6. French people have a reputation for smoking a lot.

Media

The media topic looks at what media you use in your daily life.

Les médias

Je regarde la télé	I watch TV
Je regarde des films	I watch films
Je surfe sur Internet	I surf the Internet
J'écoute la radio	I listen to the radio
J'écoute de la musique	I listen to music
Je lis des journaux/le journal	I read the papers
Je lis des livres	I read books
Je lis des magazines	I read magazines
Je vais au cinéma	I go to the cinema

Exercise 1

Using the time phrases below, write sentences showing how often you do different activities. Looking at our examples, pay attention to where the time phrases go.

TOP TIP

When using 'ne ... jamais' sandwich the verb between 'ne' and 'jamais' to make it negative, e.g. 'je ne vais jamais', 'je ne lis jamais' and 'je ne surfe jamais'.

Time phrase	English	Our example
Tous les jours	Everyday	*Je lis le journal **tous les jours.***
Une ou deux fois par semaine	Once or twice a week	*Je vais au cinéma **une ou deux fois par semaine.***
Souvent	Often	*Je lis **souvent** des livres.*
Le soir	In the evening	*J'écoute la radio **le soir.***
Après l'école	After school	*Je regarde des films **après l'école.***
Ne ... jamais	Never	*Je **ne** regarde **jamais** la télévision.*

L'Internet

Internet	The Internet
un site web	a website
Mes sites web préférés sont ...	My favourite websites are ...
en ligne	online
un internaute	an internet user
des réseaux sociaux	social networks
Je suis sur Facebook	I'm on Facebook
Je suis discret (discrète)	I'm a private person
Je suis ___ sur Twitter	I follow ____ on Twitter
Je chatte avec des amis en ligne	I chat with friends online
J'écris un blog	I write a blog

TOP TIP

When you are talking about the Internet, as in the World Wide Web, it is a proper noun and so takes a capital I in both French and English.

TOP TIP

'Je suis' can mean both 'I am' and 'I follow'.

Exercise 2

How do you feel about the Internet? Read this online forum exchange to find out more about how some French people feel about using the Internet.

FrançoisCocoNuméroUno : *Moi, j'aime beaucoup surfer sur Internet. Je passe des heures sur des sites web à lire et chercher des informations. Je pense que j'y passe environ quatre ou cinq heures par jour. Je surfe et je regarde la télé en même temps.*

Tout_est_très_simple : *J'essaie de limiter le temps que je passe sur Internet chaque jour. A mon avis, c'est très facile de devenir un peu accro à Internet et j'essaie d'éviter de passer des heures et des heures sur des sites comme Facebook. J'ai l'application Facebook sur mon téléphone portable et sur ma tablette, donc je suis tout le temps tenté de consulter ce site.*

Monsieur.Point.Com : *J'adore Internet. Je suis sur Internet toute la journée. Je cherche des informations sur Internet pour mes études, je fais du shopping sur Internet, je chatte avec mes amis, je regarde la télé et des films sur Internet, je joue à des jeux vidéo en ligne et j'écoute de la musique sur Internet.*

Chat_vs_Chien : *Je préfère faire autre chose plutôt que d'aller sur Internet et je n'ai pas envie d'être devant un écran d'ordinateur toute la journée. Je n'ai pas de compte Facebook ou Twitter parce que je suis une personne discrète et que je n'ai pas envie de partager tous les détails de ma vie. Je préfère que ma vie privée reste privée.*

Copy out the table below and organise at least 20 phrases from the texts into the table to show which reflect your use of the Internet: *'C'est comme moi'* (It's like me) or *'Ce n'est pas comme moi'* (It's not like me).

C'est comme moi	Ce n'est pas comme moi

New technologies

Now let's look at other forms of technology that we use regularly.

J'ai (un téléphone portable).	I have (a mobile phone).
… une tablette.	… a tablet.
… un ordinateur.	… a computer.
… un ordinateur portable.	… a laptop.
… une liseuse.	… an E-reader.
J'envoie des SMS.	I send texts.
Je télécharge des applis.	I download apps.
Les (téléphones) portables sont très utiles.	Mobile phones are very useful.
Les nouvelles technologies améliorent nos vies.	New technology improves our lives.
On peut faire du shopping de chez soi.	We can shop from home.
On peut trouver des informations en ligne sur tout.	We can find information about everything online.
On peut communiquer avec des amis/de la famille à l'étranger.	We can communicate with friends/family abroad.
On peut organiser ses vacances en ligne.	We can organise holidays online.
Il faut beaucoup d'énergie pour fabriquer toute cette technologie.	A lot of energy is needed to make all this technology.
Ça coûte cher.	It's expensive.
La cyberintimidation est un gros problème.	Cyberbullying is a big problem.

Exercise 1

What technology do you use in your daily life? Look at the lists below and tick the things you do and how often you do them.

Nouvelle technologie	Plusieurs fois par jour	Plusieurs fois par semaine	Ne ... jamais
J'utilise mon téléphone portable.			
J'envoie des SMS.			
Je lis des livres avec une liseuse.			
Je télécharge des applis.			
Je surfe sur Internet avec un ordinateur portable.			
Je surfe sur Internet avec un téléphone portable.			
Je fais du shopping en ligne.			

Now use the table above to write five sentences describing how you use technology in your daily life. Include a time phrase in each one.

Don't forget when using 'ne ... jamais' that you have to sandwich this around the verb! For example, 'Je ne fais jamais de shopping en ligne.'

Exercise 2

Listen to Guilluame and his wife, Christine, talking about technology and then answer the questions in English.

1. Guillaume suggests three presents for Christine's 60th birthday. What does he suggest? Mention any two things. (2)
2. a) What type of computer does Christine mention? (1)
   b) What is wrong with her current mobile phone? Mention any one thing. (1)
3. What does Guillaume think of new technology? (2)
4. What does Christine like about new technology? Mention any three things. (3)
5. What does Guillaume decide to buy for Christine? (1)
6. What does she ask him to get? (1)
7. What condition does Guillaume put on the present? (1)

Now check your answers. Make sure you've included all details.

Global languages

The global languages topic looks at the importance of language learning. As you are developing your skills as a linguist, it's important that you have an awareness of the advantages these skills bring and how these can benefit you in your career and wider prospects.

My languages

Mes langues	My languages
Je parle __ langues	I speak __ languages
Je suis bilingue	I'm bilingual
Je suis multilingue	I'm multilingual
Ma langue maternelle c'est le ...	My mother tongue is ...
J'apprends (l'espagnol)	I'm learning (Spanish)
Je parle français depuis six ans	I've been speaking French for 6 years
Je parle aussi l'allemand	I also speak German
Je parle un peu le ...	I speak a bit of ...
Ma langue préférée c'est le français	My favourite language is French
Je voudrais apprendre le russe	I would like to learn Russian
Le chinois est plus difficile que le français	Mandarin is more difficult than French

Exercise 1

What are your experiences of language learning? Complete the language portfolio below with your skills and experience and tick the level you consider yourself to be for each language.

PASSPORT   PASSPORT

Nom:

Prénom:

Langue(s) maternelle(s):

Langue	Apprendre depuis...	De niveau courant	De niveau intermédiare?	De niveau débutant?
e.g. le russe	2 ans			

Langue préférée:

Je voudrais apprendre....

Exercise 2

Listen to young people from countries around the world speaking about their experiences of language learning. Copy and complete the table below with the missing information for each of the texts. Give as many details as you can.

Hint: Berber is a language native to North Africa.

Name	Where they live	Languages spoken	Opinion of languages
Annas			
Ryuichi			
Steffie			

> **TOP TIP**
>
> Read through the vocabulary lists before you do any listening and try saying the phrases out loud. This will help tune your brain to the language and revise the sounds before you listen.

Exercise 3

Now read the text below about a Scottish zoologist's experience of language learning and then come up with your own set of 10 questions about the text. Think about how many marks you will allocate to each question and what kind of details you would expect in the answers. The first one is done for you below.

Je m'appelle Donald et je viens d'un petit village dans les îles Hébrides. Je parlais l'anglais à la maison mais à l'école primaire, tous les cours étaient en gaélique. J'ai donc grandi en étant bilingue sans vraiment m'en rendre compte. Au collège, j'ai appris le français et l'allemand, mais je ne pensais pas que j'étais très fort en langues. J'avais du mal à me souvenir de tous les mots et j'étais parfois nerveux quand il fallait parler devant les autres ; c'est normal, je crois. Après avoir fini le lycée, je suis allé à la fac pour étudier les animaux, ma grande passion dans la vie ! Bien sûr, je ne pensais pas du tout que les langues m'aideraient. Mais, me voilà, dix ans plus tard en train de travailler dans une équipe de scientifiques qui vient du monde entier. Aujourd'hui, par exemple, je travaille sur un bateau en plein milieu de la mer du Nord (on fait des recherches sur les phoques). On est 50 personnes au total sur ce bateau, et au moins huit nationalités différentes, y compris des Philippins, des Russes, des Français, deux Canadiens, un Allemand, une Japonaise et moi, l'Ecossais ! Ici, on travaille principalement en anglais mais j'essaie d'apprendre et de parler un peu toutes les langues. Par conséquent, je trouve que je m'entends mieux avec mes camarades. C'est un petit geste, mais ça montre que je m'intéresse aux autres et à leur culture. Ce bateau nous montre que nous habitons une petite planète de nos jours. Le monde est très petit !

Question	Marks	Answer
1. Where is Donald from?	2	A **small** village in the Hebrides.

The importance of language learning

What's so important about language learning? This section will start to look at this in a bit more depth and explore some of the reasons why languages matter to us all.

Les langues sont importantes (parce que) ...
 ... les employeurs et les entreprises cherchent des employés qui ont des aptitudes linguistiques
 ... pour l'économie de l'Ecosse
 ... il y a des avantages cognitifs

Quand on parle plusieurs langues, on donne l'impression d'être ...
 ... intelligent
 ... un communicant efficace
 ... ouvert aux autres et aux autres cultures
 ... intéressé par le monde

Les langues nous permettent de ...
 ... communiquer avec des gens venus de différents pays
 ... comprendre différentes cultures
 ... travailler à l'étranger
 ... gagner plus d'argent
 ... être compétitif sur le marché du travail mondial

Apprendre une langue, c'est amusant

Tout le monde doit apprendre une deuxième langue

Languages are important (because) ...
 ... employers and businesses are looking for employees with language skills
 ... for Scotland's economy
 ... there are cognitive benefits

When we speak several languages we give the impression of being ...
 ... intelligent
 ... an effective communicator
 ... open to other people and cultures
 ... interested in the world

Languages enable us to ...
 ... communicate with people from different countries
 ... understand different cultures
 ... work abroad
 ... earn more money
 ... compete in a global job market

Learning a language is fun

Everyone should learn a second language

Exercise 1

Make a set of individual vocabulary cards with the French on one side and the English on the other. Lay them out on a table and test yourself by reading the French, saying what it is and then flipping the cards over to see if you're correct. Once you know the French, see if you can do it in reverse with the English face up.

TOP TIP

Do this exercise activity for every topic. Collect a set for each topic and then jumble them up all the topics at the end to see if you can still remember them when they're mixed up.

Exercise 2

Read the following statistics about languages. Choose the missing words and phrases from the box below to complete the sentences.

les plus utiles	une barrière	des pays qui ne parlent	les compétences
a comprendre les	gagnent plus que	pas l'anglais	linguistiques
différences culturelles	ne parle pas du tout	besoin de	seulement
la population mondiale	anglais	d'Internet	L'économie britannique
connaissances culturelles	un pays multilingue	les marchés étrangers	une langue étrangère

1. *Une entreprise sur quatre préfère un employé qui parle _____.*
2. *En moyenne, après 3 ans de travail, les diplômés en langues _____ les diplômés en maths, ingénierie, physique, chimie et astronomie.*
3. *Le français, l'allemand et l'espagnol sont les langues considérées comme _____ par les patrons.*
4. *L'Ecosse est _____. On parle plus de 160 langues en Ecosse.*
5. *76% des patrons ne sont pas satisfaits par _____des candidats à l'emploi.*
6. *61% des patrons pensent que les candidats à l'emploi n'ont pas assez de _____.*
7. *Les trois quarts des entreprises ont _____ candidats à l'emploi qui ont des compétences linguistiques.*
8. *80% des entreprises ne sont pas capables de faire des affaires avec _____ parce qu'elles ne parlent pas les langues étrangères.*
9. *Deux entreprises sur trois disent que les langues sont _____.*
10. *Huit sur dix disent qu'elles ont des difficultés _____.*
11. *72% du commerce britannique international concerne _____.*
12. *_____ pourrait gagner £21 milliards de plus par an si on améliorait nos compétences linguistiques.*
13. *6% de _____ parle anglais.*
14. *75% de la population mondiale _____.*
15. *En Grande-Bretagne, _____ une personne sur dix parle une langue étrangère.*
16. *Seulement 29% _____ est en anglais.*

TOP TIP

'Un sur dix' means 'one out of ten'. Make sure you know your numbers for statistics, percentages and times. These are common features of assessments.

Citizenship 1: my home town

My town

Let's start by looking at vocabulary you can use to describe your home town.

Ma ville	My town
c'est situé	it's situated
se trouve	is found
au bord de la mer	by the coast
au bord d'un lac	by a lake
à la montagne	in the mountains
à la campagne	in the countryside
c'est une grande ville	it's a large town/city
c'est loin de	it's far from
c'est pittoresque	it's picturesque
historique	historic
touristique	touristic
industriel(le)	industrial
animé(e)	lively
culturel(le)	cultural

Exercise 1

Make a list of five towns and cities you know or have visited either in Scotland or abroad. Brainstorm at least 10 adjectives and phrases to describe them (more if you can though) and then use these to write a short paragraph to describe each of them. Try and expand on the vocabulary given above to stretch yourself.

Exercise 2

Look at the following places in a town.

un château	*des magasins*	*une patinoire*
un lac	*une cathédrale*	*un stade*
des monuments historiques	*une église*	*un centre sportif*
un théâtre	*un musée*	*une plage*
un jardin	*un cinéma*	*un parc*
des cafés	*une rivière*	
des restaurants	*un office du tourisme*	

Thinking about your own town, and using a dictionary to help you, sort them into the two headings, *'il y a'* and *'il n'y a pas de'* as has been done in the table below.

Don't forget that after *'il n'y a pas de'*, we don't add *'un'* or *'une'*, e.g. *'il n'y a pas de château'*.

Il y a	Il n'y a pas de
E.g. Il y a des restaurants	*E.g. Il n'y a pas de plage*

Town and country living

This vocabulary compares life in the country with life in a town. Which do you prefer? Note that all the adjectives are feminine here as they relate to **la** campagne and **la** ville.

Je préfère habiter en ville	I prefer living in the town
Je préfère habiter à la campagne	I prefer living in the country
La ville est plus ___ que la campagne	The town is more __ than the country
animée	lively
intéressante	interesting
polluée	polluted
dangereuse	dangerous
Il y a beaucoup de choses à faire	There is lots to do
La campagne est plus __ que la ville	The country is more __ than the town
jolie	pretty
pittoresque	picturesque
calme	calm
tranquille	quiet

Grammar blast!

Comparatives – plus que and moins que

You can easily say something is 'more or less than' in French by using 'plus que' and 'moins que'. These are called comparatives. Here are a couple of examples:

- *Ma mère est **moins** compréhensive **que** mon père.*
- *La ville est **plus** animée **que** la campagne.*
- *Le château est **plus** petit **que** la tour.*

Don't forget that the adjective you're using in the middle of the sentence has to agree with whatever comes first, e.g. **La voiture** *est moins **lente** que la velo.* 'La voiture' is feminine so the word for slow is spelled in the feminine form, lent**e**.

Exercise 3

Complete these sentences with 'plus que' or 'moins que'.

1. *La ville est _____ polluée ___ la campagne.*
2. *La campagne est _____ calme _____ la ville.*
3. *La ville est ___ peuplée ___ la campagne.*

And now complete the following sentences with the correct adjective agreement.

4. *La campagne est plus (joli) que la ville.*
5. *La ville est moins (bruyant) que la campagne.*
6. *La campagne est plus (tranquille) que la ville.*

Citizenship 2: the environment

Environmental issues are global issues and affect us all. They are as much of a hot topic in France as in Scotland, so let's now look at some of the vocabulary we would use when talking about them.

il ne faut pas .../il faut ...	you must not .../you must ...
... *économiser l'énergie*	... save energy
... *gaspiller l'eau*	... waste water
... *recycler les déchets*	... recycle waste
... *économiser le papier*	... save paper
... *éteindre les lumières*	... switch off the lights
... *acheter des produits bios*	... buy organic products
... *acheter des produits écologiques*	... buy green products
... *jeter les papiers par terre*	... drop litter
... *prendre les transports en commun*	... use public transport
... *marcher au lieu de prendre la voiture*	... walk instead of taking the car
... *protéger la planète*	... protect the planet
je recycle	I recycle
... *le papier*	... paper
... *les plastiques*	... plastic
... *le verre*	... glass
... *les emballages*	... packaging
... *les restes de nourriture*	... food waste
... *les appareils électroniques*	... electronics
... *les piles*	... batteries
... *les vêtements*	... clothes
... *les chaussures*	... shoes

Exercise 1

Decide whether you would use either 'il faut' or 'il ne faut pas' for each of the following pieces of eco-advice and rewrite them in full. For example, 'Il faut marcher au lieu de prendre la voiture'.

1. *économiser l'énergie*
2. *gaspiller l'eau*
3. *recycler les déchets*
4. *économiser le papier*
5. *éteindre les lumières*

Grammar blast!

Negatives

The following negatives are common features in reading and listening at National 5.

Negative	Meaning	Example
Ne ... pas	not/don't/does not/doesn't	Je ne fais pas – I don't do
Ne ... jamais	never	Je ne fais jamais – I never do
Ne ... plus	any longer/no more	Je ne le fais plus – I don't do any longer
Ne ... que	only	Je ne fais que – I only do
Ne ... rien	nothing	Je ne fais rien – I do nothing
Ne ... aucun	any	Je n'ai aucune idée – I don't have any idea

To form these negatives, the verb is sandwiched between 'ne' and the ending (e.g. rien).

Je ne — joue — plus

Look at the examples below showing how verbs become negative.

Je joue (I play)	Je ne joue plus (I don't play any longer)
Je regarde (I watch)	Je ne regarde jamais (I never watch)
J'entends (I hear)	Je n'entends rien (I hear nothing)
J'ai (I have)	Je n'ai que (I only have)

When **je** is followed by a vowel, it becomes **j'**, e.g. **J'écoute**. Similarly, when **ne** is followed by a vowel it becomes **n'**. So if you want to make a verb that begins with a vowel negative (e.g. écouter) it would become 'je **n'**écoute' (plus an ending such as **pas**) as the **ne** part now comes directly before the vowel.

Exercise 2

Change these phrases using the negatives in brackets.

1. *J'éteins les lumières* (don't)
2. *Il gaspille de l'énergie* (only)
3. *Nous prenons les transports en commun* (never)
4. *J'achète des produits bios* (no longer)
5. *Elle recycle* (nothing)

Exercise 3

Listen to the conversation between two residents of the rue du monde, Mme Vert and M. le Gaspillage. Answer the questions below in English.

1. What does Mme Vert say are now in their street? (1)
2. What does M. Le Gaspillage recycle? (1)
3. What is his attitude to saving energy? Mention any one thing. (1)
4. What kind of products does Mme Vert only buy? (1)
5. What type of products does M. Le Gaspillage buy? Mention any 2 things. (2)
6. What does he say about using the car? (1)

Focus on grammar: present tense – regular and irregular verbs

This section will look at the present tense in a bit more depth. What is it? The **present tense** is used to describe things that are happening **now.**

Regular verbs in the present tense

Let's start by looking at how this is formed with regular verbs.

The majority of French verbs are regular, and the good news is that these are the verbs that like to follow the rules! Once you've learned these rules, you can then apply them to most French verbs.

> **The three main groups of regular verbs are:**
> - **ER verbs**
> - **RE verbs**
> - **IR verbs**

To conjugate these verbs, you simply remove the two last letters (-er, -re or -ir) from the infinitive and then add the following endings:

	ER Verbs	RE Verbs	IR Verbs
	parler	*attendre*	*finir*
je/j'	*parle*	*attends*	*finis*
tu	*parles*	*attends*	*finis*
il/elle/on	*parle*	*attend*	*finit*
nous	*parlons*	*attendons*	*finissons*
vous	*parlez*	*attendez*	*finissez*
ils/elles	*parlent*	*attendent*	*finissent*

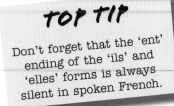

TOP TIP

Don't forget that the 'ent' ending of the 'ils' and 'elles' forms is always silent in spoken French.

Exercise 1

Reorganise the following common regular ER, RE and IR verbs under the correct headings and add the English translation for each of them.

ER	RE	IR
réussir	bavarder	maigrir
travailler	grossir	regarder
trouver	chercher	rentrer
vendre	acheter	oublier
réfléchir	perdre	entendre
donner	habiter	aimer

TOP TIP

Watch out for verbs with accents, like préférer. In the present tense the second acute accent becomes a grave accent, e.g. Je préfère.

Exercise 2

Now choose the correct verb from the table above and then conjugate it to complete the following sentences.

1. Je _____ quand je mange beaucoup de nourriture grasse et sucrée.
2. Il _____ tout le temps avec sa meilleure amie !
3. Ils _____ des films pendant leur temps libre.
4. Ma mère n' _____ que des produits bios au supermarché.
5. Ma famille et moi _____ dans une grande ville animée et historique dans le sud de la France.

Irregular verbs in the present tense

The irregular verbs are the ones which are a bit more awkward and do their own thing – they don't follow rules but there are recognisable patterns. It's just a case of learning them. The four most common irregular verbs are below.

être – to be			
je suis	I am	nous sommes	we are
tu es	you are	vous êtes	you are
il/elle est	he/she is	ils/elles sont	they are
on est	one is/we are		

faire – to do/to make			
je fais	I do/make	nous faisons	we do/make
tu fais	you do/make	vous faites	you do/make
il/elle fait	he/she does/makes	ils/elles font	they do/make
on fait	one does/makes we do/make		

aller – to go			
je vais	I go	nous allons	we go
tu vas	you go	vous allez	you go
il/elle va	he/she goes	ils/elles vont	they go
on va	one goes/we go		

avoir – to have			
j'ai	I have	*nous avons*	we have
tu as	you have	*vous avez*	you have
il/elle a	he/she has	*ils/elles ont*	they have
on a	one has/we have		

Exercise 3

Read the following text and complete the sentences with the missing pronouns and verbs conjugated in the present tense.

___1___ (I have) *une grande famille et* ___2___ (we are) *huit personnes au total !* ___3___ (my sister is) *très sympa et* __4___ (my brothers are) *très drôles !* ____5___ (I go) *souvent en vacances avec mes grand-parents et* ___6___ (we do) *beaucoup de choses amusantes ensemble !* ___7___ (I do/make) *confiance à ma grand-mère en particulier et* ___8___ (we have) *des conversations qui durent pendant des heures et des heures !* ___9___ (My grand-parents are) *vraiment de bons amis.*

Mes amis et moi, on s'entend bien et ___10___ (they are) *tous très fiables. On peut compter l'un sur l'autre, ce qui est très important lorsqu'on est adolescent.* ___11___ (I have) *de la chance d'avoir une famille et des amis qui* ___12___ (are) *aussi sympas.*

TOP TIP

Say verbs over repeatedly, add a rhythm or a tune, write them out repeatedly or make cards to play matching pairs games to revise them. Songs on video-hosting sites such as YouTube can be useful for learning verbs.

Modal verbs

Modal verbs are verbs that express a mood such as want, need or possibility. The main modal verbs we are going to focus on are:

- *devoir* (to have to)
- *pouvoir* (to be able to)
- *vouloir* (to want to)

There are similarities in how these verbs are formed. Again, you just have to learn this for each of them. The conjugations are in the table below for you to refer to.

devoir – to have to			
je dois	I have to	*nous devons*	we have to
tu dois	you have to	*vous devez*	you have to
il/elle doit	he/she has to	*ils/elles doivent*	they have to
on doit	one has to we have to		

pouvoir – to be able to			
je peux	I can	*nous pouvons*	we can
tu peux	you can	*vous pouvez*	you can
il/elle peut	he/she can	*ils/elles peuvent*	they can
on peut	one can/we can		

vouloir – to want to			
je veux	I want to	*nous voulons*	we want to
tu veux	you want to	*vous voulez*	you want to
il/elle veut	he/she wants to	*ils/elles veulent*	they want to
on veut	one wants to/we want to		

Exercise 4

Create three sets of cards.

- Set one: pronouns, e.g. *je, tu, il, elle, on, nous, vous, ils* and *elles*.
- Set two: verb conjugations, e.g. *dois, dois, doit, doit, doit, devons, devez, doivent*.
- Set three: all the possible English translations (e.g. I must, you must etc.).

Lay all the cards face up on a table and match them up, e.g. *Je + dois +* I must. Do this a couple of times to practise and then time yourself to see how fast you can match them up.

Repeat the same process with the other two remaining modal verbs. Then mix all three sets of pronouns, verbs and English translations up together and see how fast you can match them up. Can you match them all correctly in 30 seconds or faster?

TOP TIP

This activity can be repeated by adding more and more verbs to help you learn them, and will really support you in recognising verbs when you are reading.

Reflexive verbs

The last set of verbs we are going to look at in this section are the reflexive verbs. Reflexive verbs are used to describe an action we do to ourselves. You will know if a verb is reflexive because the verb has 'se' before it in the infinitive form, e.g. '*se lever*' which translates as 'to get up' or, literally, 'to get oneself up'.

Exercise 5

Look up the following verbs in a dictionary. Which ones are reflexive?

to enjoy yourself	to take	to remember
to shave	to sit	to get angry
to wake up	to leave	to put on make-up
to dance	to bathe	to forget

The reflexive verbs are formed by adding an extra pronoun when you conjugate them. Here are a few examples. Notice that when the pronouns 'me', 'te' and 'se' are followed by a vowel they become m', t' and s', e.g. *je m'amuse, tu t'amuses, il s'amuse* etc.

Se réveiller	S'amuser	S'entendre
je **me** réveille	je **m'**amuse	je **m'**entends
tu **te** réveilles	tu **t'**amuses	tu **t'**entends
il/elle/on **se** réveille	il/elle/on **s'**amuse	il/elle/on **s'**entend
nous **nous** réveillons	nous **nous** amusons	nous **nous** entendons
vous **vous** réveillez	vous **vous** amusez	vous **vous** entendez
ils/elles **se** réveillent	ils/elles **s'**amusent	ils/elles **s'**entendent

Exercise 6

Read the following sentences and fill in the missing pronouns, e.g. *je me couche.*

1. *Il boit trop d'alcool et il ___ soûle souvent. C'est dangereux et il doit ___ en occuper.*
2. *Les gens ___ droguent pour échapper à leurs soucis.*
3. *Les filles ___ maquillent avant de sortir le soir.*
4. *Je ___ amuse quand je ___ promène.*
5. *Nous ___ intéressons beaucoup à la santé et au bien-être.*
6. *Quand est-ce que vous ___ mariez ?*
7. *Est-ce que tu ___ sens obligé d'acheter le dernier modèle de téléphone portable ?*
8. *Je __énerve quand ma mère me demande de recycler. C'est pénible comme tâche.*
9. *On ___ fatigue en faisant du sport.*
10. *Vous ___ empêchez d'apprendre le chinois si vous avez trop peur de parler.*

Learning in context

In the learning topic, you will reflect on how you learn in Modern Languages. When learning a language, it helps to develop an awareness of how you learn best, as this allows you to remember vocabulary in a way which works for you.

Talking about modern languages

The first part of the topic focuses on learning in modern languages.

Quand j'apprends le français, je préfère ...	When I learn French I prefer ...
... écouter	... to listen
... parler	... to talk
... lire	... reading
... écrire	... to write
... jouer	... to play
... faire des activités de coopération	... to do cooperative activities
... travailler en groupe	... to work in groups
... travailler avec un partenaire	... to work with a partner
... travailler tout(e) seul(e)	... working alone
Je suis fort(e) à l'oral	I'm good at talking
J'ai une bonne mémoire	I have a good memory
Je trouve que (parler) c'est difficile	I find it difficult to (speak)
Je me sens _____ quand je parle français	I feel _____ when I speak French
timide	shy
nerveux/nerveuse	nervous
sûr(e) de moi	sure of myself

Exercise 1

Unjumble the following phrases and rewrite them in the correct order.

1. *groupe préfère Je travailler en.*
2. *les J'aime de coopération. activités*
3. *Je parle me de moi sens quand je français. sûr*
4. *fort Je l'écoute. suis à*
5. *pour apprendre. J'aime jouer*

Exercise 2

Answer the following questions and keep a note of your colours to find out what your learning style is.

1. *Je préfère les cours où ...*

on peut discuter en groupe.	on peut faire des activités.	on peut regarder des présentations.

2. *Pendant que je travaille en classe ...*

je préfère qu'on m'explique comment faire.	je tripote quelque chose, je tambourine des doigts sur la table ou je bats la mesure avec le pied.	je fais des dessins dans mon cahier.

3. *Quand j'apprends quelque chose de nouveau ...*

je chante, je fredonne ou je parle.	je préfère me débrouiller tout(e) seul(e).	je préfère qu'on me montre comment faire.

4. *Si j'ai du temps libre ...*

j'aime écouter de la musique ou parler avec mes amis au téléphone.	j'aime sortir pour faire des activités comme jouer au foot par exemple.	j'aime regarder un film ou la télévision.

5. *En classe, je me déconcentre quand ...*

j'entends quelque chose qui me distrait.	je dois rester sans bouger trop longtemps.	je vois quelque chose par la fenêtre.

Count the colours and check what it says about your learning style below. What three pieces of advice are you given for the types of activities you should do when learning a language?

TOP TIP

Follow the advice for your learning style to help you revise your French vocabulary.

Bleu – Vous êtes apprenant visuel
On vous conseille d'utiliser des diagrammes et des graphique et d'avoir des images à côté du vocabulaire : des petits dessins dans vos listes de vocabulaire, par exemple. Vous pouvez également créer des cartes de vocabulaire (comme des flashcards) et il est important de beaucoup lire !

Rose – Vous êtes apprenant auditif
Vous préférez écouter quand vous apprenez. Ecoutez beaucoup de français, à la radio, regardez beaucoup de clips vidéos (sur YouTube, par exemple) et surtout lisez et écoutez en même temps !

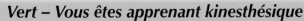

Vert – Vous êtes apprenant kinesthésique
Pour vous, il est important de faire quelque chose pendant que vous apprenez. Les jeux interactifs en ligne vous aideront beaucoup. Prenez des notes pendant que vous lisez ou écoutez. Enfin, répétez souvent du vocabulaire à voix haute et si possible, ajoutez des activités !

Learning in other subjects

Now let's look at learning more widely in other subject areas.
What are you good at? Which subjects do you enjoy most?

J'étudie ...	I study ...
... l'anglais	... English
... les maths	... maths
... la biologie	... biology
... la chimie	... chemistry
... la physique	... physics
... la géographie	... geography
... l'histoire	... history
... l'économie domestique	... home economics
... les travaux manuels	... craft and design
... la musique	... music
... le dessin	... art
... l'informatique	... computing
... l'EPS	... PE

c'est compliqué	it's complicated
c'est difficile	it's difficult
c'est intéressant	it's interesting
c'est facile	it's easy
c'est ennuyeux	it's boring
c'est pénible	it's painful
c'est utile	it's useful
le (la) prof est compréhensif/ive	the teacher is understanding
c'est difficile à comprendre	it's difficult to understand
c'est difficile à suivre	it's difficult to follow
c'est facile à comprendre	it's easy to understand

je préfère les matières (pratiques) comme ...	I prefer (practical) subjects like ...
les matières créatives ...	creative subjects ...
les matières logiques ...	logical subjects ...
les matières scientifiques ...	scientific subjects ...
je suis plus fort(e) en (maths) qu'en (chimie)	I'm better in (maths) than in (chemistry)
je suis plus faible en (anglais) qu'en (français)	I'm weaker in (English) than in (French)
(Le dessin) m'intéresse plus que (les maths)	(Art) interests me more than (maths)
(L'espagnol) m'intéresse beaucoup	I'm very interested in (Spanish)
Il y a trop de devoirs	There is too much homework
J'ai environ _ heures de devoirs par semaine	I have about __ hours of homework per week

Exercise 1

Organise the subjects on the previous page into each of the columns below according to your opinion of them.

C'est facile	C'est intéressant	C'est utile	C'est compliqué	C'est pénible

Exercise 2

Listen to the following opinions about school subjects and for each one write either '*Je suis d'accord*' (I agree) or '*Je ne suis pas d'accord*' (I don't agree).

Exercise 3

Now read the text below with a French teenager, Ahmed, giving his opinions about school and learning.

Selon moi, il est important de pouvoir choisir entre de nombreuses matières à l'école et de pouvoir personnaliser son emploi du temps autant que possible. Cependant, il faut se souvenir qu'il y aura toujours certaines matières obligatoires.

Je pense que je suis une personne plutôt créative et je dirais que je suis assez doué en dessin par exemple. À mon avis, je suis plus fort dans les matières créatives comme le dessin, la musique et l'anglais que dans les matières logiques comme les maths ou les sciences. Mais mon père croit que c'est parce que je ne consacre pas assez de temps à faire des maths. C'est vrai que je trouve ça trop compliqué et assez pénible.

En général, les matières pratiques comme l'EPS ne m'intéressent pas vraiment mais elles me plaisent parce qu'elles font reposer le cerveau !

Pour ma part, je n'ai aucune envie de faire mes devoirs le soir mais je sais, pourtant, que je n'ai pas le choix et que c'est très important de les faire si on veut réussir. Je suis assez faible en histoire, donc je dois faire beaucoup de devoirs pour arriver à avoir de bonnes notes.

1. What does Ahmed say about art? (1)
2. What does Ahmed's dad think about his approach to maths? (1)
3. What does Ahmed say about practical subjects? (2)
4. What is his attitude to homework? (3)
5. What does he say about history? (2)
6. What is Ahmed's attitude overall to subject choice? Tick the correct box. (1)

1. It's important to have choice but there are some subjects you just have to do.	☐
2. He thinks you should just do what you are interested in.	☐
3. He thinks you should choose according to the career you want.	☐

TOP TIP

Go through the text from Exercise 1 and pick out the opinion phrases. Copy them into a list and keep them as a bank of useful opinion phrases that you can use again.

Preparing for exams

The final part of the learning topic looks at preparing for exams, just as you are now! It can be a useful process to reflect on how you study and what works best for you.

Pour préparer mes examens	To prepare for exams
je fais des révisions	I revise
je lis mes notes	I read my notes
je consulte des annales	I do past papers
j'établis des horaires de révisions	I make a revision timetable
je vais aux cours de révisions	I go to revision classes
je prends des cours particuliers	I get after-school tuition
j'étudie avec mes amis	I study with my friends
j'étudie tout(e) seul(e)	I study alone
j'étudie chez moi ...	I study at home ...
dans ma chambre	in my bedroom
dans la cuisine	in the kitchen
dans le salon	in the living room
je préfère travailler le soir/le matin	I prefer to work in the evening/in the morning
je regarde la télé quand j'étudie	I watch TV when I'm studying
j'écoute la radio	I listen to the radio
j'écoute de la musique	I listen to music
j'arrive à me concentrer plus facilement quand j'écoute de la musique	I can concentrate more easily when I listen to music
je dois me concentrer sur mes études	I have to concentrate on my studies
je me déconcentre facilement	I lose my concentration easily

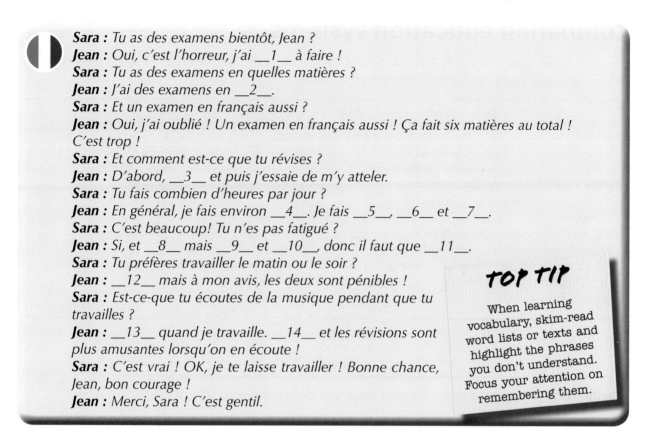

Exercise 1

Listen to the following conversation between Jean and Sara about study habits and fill in the missing information.

Sara : *Tu as des examens bientôt, Jean ?*
Jean : *Oui, c'est l'horreur, j'ai __1__ à faire !*
Sara : *Tu as des examens en quelles matières ?*
Jean : *J'ai des examens en __2__.*
Sara : *Et un examen en français aussi ?*
Jean : *Oui, j'ai oublié ! Un examen en français aussi ! Ça fait six matières au total ! C'est trop !*
Sara : *Et comment est-ce que tu révises ?*
Jean : *D'abord, __3__ et puis j'essaie de m'y atteler.*
Sara : *Tu fais combien d'heures par jour ?*
Jean : *En général, je fais environ __4__. Je fais __5__, __6__ et __7__.*
Sara : *C'est beaucoup! Tu n'es pas fatigué ?*
Jean : *Si, et __8__ mais __9__ et __10__, donc il faut que __11__.*
Sara : *Tu préfères travailler le matin ou le soir ?*
Jean : *__12__ mais à mon avis, les deux sont pénibles !*
Sara : *Est-ce-que tu écoutes de la musique pendant que tu travailles ?*
Jean : *__13__ quand je travaille. __14__ et les révisions sont plus amusantes lorsqu'on en écoute !*
Sara : *C'est vrai ! OK, je te laisse travailler ! Bonne chance, Jean, bon courage !*
Jean : *Merci, Sara ! C'est gentil.*

> **TOP TIP**
>
> When learning vocabulary, skim-read word lists or texts and highlight the phrases you don't understand. Focus your attention on remembering them.

Exercise 2

Using the vocabulary on page 48 to help you, translate the following revision advice into French.

1. To prepare for my exams, I read my notes and do past papers.
2. I prefer to work alone.
3. I study with my friends at my house.
4. I never watch TV when I study.
5. I prefer to study at night.

Education

This topic focuses on the broader subject of education and how education systems in France differ from our own.

Comparing education systems

This part of the topic compares Scottish school life with school life in France. How do they compare in your opinion? Does one seem better than the other?

Le lycée commence à __ heures et finit à __ heures.	School starts at __ o'clock and finishes at __ o'clock.
Il y a des cours du lundi au vendredi.	There are lessons from Monday till Friday.
Il n'y a pas de cours le vendredi après-midi.	There are no lessons on Friday afternoons.
Il n'y a pas de cours le week-end.	There are no lessons at the weekend.
Il y a __ cours le matin et __ cours l'après-midi.	There are __ lessons in the morning and __ lessons in the afternoon.
Il y a une pause de midi à __ heures.	There is a lunch break at __ o'clock.
La pause de midi dure __ heure(s).	The lunch lasts __ hour(s).
Il y a une récréation le matin à __ heures.	There is a break in the morning at __ o'clock.
La récréation dure __ minutes.	The break lasts __ minutes.
Les grandes vacances durent ...	The summer holidays last ...

Exercise 1

Use the vocabulary above to write seven sentences describing your school life.

Exercise 2

Read the text about school life in France and then, using the text to help you, answer the questions in French below.

Chie : En France, au lycée, il y a des cours du lundi au vendredi. Le mercredi après-midi est libre pour faire du sport, des cours de musique ou des devoirs. La journée scolaire commence à huit heures et demie et finit à seize heures trente. Il y a une récréation le matin à 11 heures moins le quart qui dure quinze minutes. Puis nous avons une pause déjeuner entre midi et quatorze heures, qui dure deux heures au total. Normalement, je mange à la cantine avec mes amis.

Il y a quatre cours le matin et deux cours l'après-midi, et chaque cours dure environ une heure.

En ce qui concerne les vacances, il y a une longue pause pendant l'été et les grandes vacances durent deux mois ! C'est extra, j'adore les vacances !

Questions:
Quels sont les jours d'école ?
Quels jours sont libres ?
La journée scolaire commence à quelle heure ?
La journée scolaire finit à quelle heure ?
La récréation est à quelle heure ?
Ça dure combien de temps ?
Il y a une pause déjeuner ?
Tu manges où normalement ?
Combien as-tu de cours le matin ?
Combien as-tu de cours l'après-midi ?
Les grandes vacances durent combien de temps ?

TOP TIP

Treat all reading texts as a source of new phrases you can use in your own writing and speaking. Keep a list of phrases you think you would like to use so that you can refer back to it at a later date.

Exercise 3

Now look at the diagram below, which shows us the difference between the Scottish and French school systems.

Age	11–12	12–13	13–14	14–15	Brevet	15–16	16–17	17–18	Bac (ou baccalauréat)
France	Collège					Lycée			
	Sixième (6ème)	Cinquième (5ème)	Quatrième (4ème)	Troisième (3ème)		Seconde	Première	Terminale	
Ecosse	Ecole primaire	Collège			Fin de Broad General Education	National Qualifications			
						Senior Phase			
	P7	S1	S2	S3		S4	S5	S6	

Using the information provided in the table above, complete the sentences below with the missing information.

1. *En France, on commence le lycée à partir de l'âge de _____ ans.*
2. *Entre l'âge de 11 et 15 ans, on va au _____.*
3. *On passe un examen qui s'appelle le brevet à la fin du _____.*
4. *La dernière année de lycée s'appelle la _____.*
5. *Avant de terminer ses études, il faut réussir un examen qui s'appelle _____.*

Learner responsibilities

As a learner, what responsibilities do you have within your own education? Knowing this and working towards these goals is a key part of achieving success in your studies.

Je dois (suivre les règles)	I must (follow the rules)
J'essaie toujours de (faire mes devoirs)	I try always to (do my homework)
Un bon élève doit (faire ses devoirs)	A good pupil must (do their homework)
écouter le professeur	listen to the teacher
travailler dur	work hard
faire des révisions	revise
respecter les autres	respect others
être bien préparé	be well-prepared
être bien organisé	be well-organised
être autonome dans son travail	be self-reliant in their work
bien se comporter	behave well
Un bon prof doit (écouter ses élèves)	A good teacher should (listen to their pupils)
être compréhensif	be understanding
être patient	be patient
essayer des approches différentes	try different approaches
vous laisser le temps de réflechir	leave you time to think
avoir le sens de l'humour	have a sense of humour

Grammar blast!

devoir

The verb *'devoir'* means 'to have to'. Let's look at how this verb is formed in the present tense. It's a useful verb that comes up often, so it's worth knowing.

TOP TIP

Create your own success criteria list and use it to check all of your writing. It could include spelling, accents, gender, adjective agreements, verb endings and tenses.

devoir (to have to)			
je dois	I have to	*nous devons*	we have to
tu dois	you have to	*vous devez*	you have to
il/elle doit	he/she has to	*ils/elles doivent*	they have to
on doit	one has to we have to		

qot it? ☐ ☐ ☐

Using the vocabulary above, write five sentences describing what you think makes '*un bon élève*' and '*un bon prof*'.

Take the following text and complete it so that it takes the correct form of devoir in all the gaps.

Nous __1__ bien travailler au lycée parce que c'est important pour nos futurs carrières et personnellement, je __2__ réussir mes examens. Mes camarades de classe sont un peu bruyants parfois et à mon avis, ils __3__ mieux se comporter. Sinon, ça nous distrait tous. Cependant, le professeur __4__ également faire quelque chose et c'est sa responsabilité d'avoir une classe qui travaille bien. Nous __5__ toujours écouter et respecter les professeurs.

Listen to the following school pupils talking about their attitude in class. Decide if they are a '*bon élève*' or a '*mauvais élève*' and then give two reasons why for each.

	Bon élève ?	Mauvais élève ?	Pourquoi ?
1. Lucas 2. Alain 3. Jennie			

What are your qualities as a learner? Write 30–50 words in French about what you consider your qualities to be. These can then be used as part of your job application writing task in the final writing assessment. The vocabulary below may help you.

Je me considère comme un bon élève parce que ...	I consider myself to be a good pupil because ...
Je préfère bien me comporter	I prefer to behave
J'essaie de bien me comporter	I try to behave
Il ne faut pas déranger les autres	You mustn't disturb others
Je n'arrive pas à me concentrer et à parler en même temps	I can't concentrate and talk at the same time

Employability

The employability topic looks at the world of work and your future plans. Remember that languages on your CV is something that stands out to employers and can complement any career choice.

Jobs

Now let's look at part-time jobs and how these fit in with your studies and life.

J'ai un petit boulot	I have a part-time job
Je travaille dans	I work in
... un supermarché	... a supermarket
... un café	... a cafe
... un magasin	... a shop
Je fais du baby-sitting	I babysit
Je gagne __ livres par heure	I earn __ pounds an hour
C'est bien payé	It's well paid
Ce n'est pas bien payé	It's not well paid
Je réponds au téléphone	I answer the phone
Je sers les clients	I serve the customers
Je travaille le samedi et le mardi après l'école	I work on Saturdays and Tuesdays after school
Je commence le travail à neuf heures	I start work at 9.00
Je finis le travail à dix-sept heures	I finish work at 17.00
Il y a trop de travail à faire	There's too much work to do
C'est monotone	It's monotonous
C'est une bonne expérience	It's good experience
Le patron est (sympa)	The boss is (nice)

Exercise 1

Read the following text about working part time and then see if you can find the French for the phrases that are listed below.

J'ai un petit boulot dans un café près de chez moi. Je travaille le week-end, donc, le samedi et le dimanche. En général, je travaille pendant la journée mais des fois, je dois aussi travailler le vendredi soir. C'est embêtant mais je n'ai pas le choix. Normalement, je m'occupe des clients et je prépare des boissons, comme par exemple des cafés et des thés. Ce n'est pas bien payé mais comme c'est un café, je gagne aussi des pourboires. Le patron du café est gentil mais le chef, qui fait toute la cuisine, est toujours stressé et de mauvaise humeur quand il travaille. J'évite d'aller trop souvent dans la cuisine ! Il me fait un peu peur !

1. I work the weekend
2. during the day
3. I've no choice
4. I look after the customers
5. I also earn tips
6. I avoid going
7. He frightens me a bit

Exercise 2

Listen to the following people talking about their jobs and complete the table below.

	1. *Angela*	2. *Guilhem*
Job		
Days of work		
Start time		
Finish time		
Duties		
Pay		
Opinion		

Exercise 3

Match the sentence starters with the correct endings.

1.	*J'ai un petit boulot*	a.	*les clients.*
2.	*Il y a toujours trop de*	b.	*assez d'argent.*
3.	*Je ne gagne pas*	c.	*du nettoyage.*
4.	*Je gagne environ*	d.	*dans une boulangerie.*
5.	*C'est monotone mais*	e.	*c'est une bonne expérience.*
6.	*Je sers*	f.	*travail à faire.*
7.	*Je fais*	g.	*sept heures du matin et cinq heures du soir.*
8.	*Je travaille entre*	h.	*cinq euros de l'heure.*
9.	*Je travaille le week-end*	i.	*à la fin de la journée.*
10.	*Je suis souvent très fatigué*	j.	*et le mardi après l'école.*

Exercise 4

Now rewrite the phrases from Exercise 3 and put them into what you consider to be the correct order. You can also add linking words and opinion phrases to make your writing flow more. A few examples are given for you below. There is a sample text for you in the answers section.

et	and
mais	but
normalement	normally
d'habitude	usually
cependant	however
pourtant	however
alors	so
à mon avis	in my opinion
selon moi	according to me

Future plans

This next section will focus on future plans and how you then form the future tense.

à l'avenir	in the future
je continuerai mes études	I will continue my studies
je passerai mes examens	I will sit my exams
j'irai à la fac	I will go to university
j'étudierai (les sciences)	I will study (science)
je passerai un diplôme	I will do a degree
je travaillerai	I will work
dans l'informatique	in computing
dans le commerce	in business
à l'étranger	abroad
je travaillerai comme (ingénieur)	I will work as (an engineer)
je quitterai l'école ...	I will leave school ...
... l'année prochaine	... next year
... dans trois ans	... in three years
je voyagerai	I will go travelling
je prendrai une année sabbatique	I will take a gap year
je ferai du bénévolat (en Afrique)	I will volunteer (in Africa)
je ferai le tour du monde	I will go around the world

Grammar blast!

The future tense

The future tense is formed by using a future stem of the verb (this is usually the infinitive) and the following endings.

travailler (to work)			
je travaillerai	I will work	nous travaillerons	we will work
tu travailleras	you will work	vous travaillerez	you will work
il/elle travaillera	he will work	ils/elles travailleront	they will work
on travaillera	one will work we will work		

Note that the common irregular verb endings are:

Verb	Future stem	Example
aller	ir	j'irai (I will go)
faire	fer	tu feras (you will do)
être	ser	nous serons (we will be)
avoir	aur	vous aurez (you will have)

Exercise 1

Using the vocabulary above to help you, complete the sentences below to describe your own future plans.

1. *L'année prochaine ...*
2. *Dans deux ans ...*
3. *Dans trois ans ...*
4. *Dans cinq ans ...*
5. *Dans dix ans ...*

Exercise 2

Choose one word from each column to make up six sentences in French and then translate them into English. A couple of examples are done for you below:

1. *J'irai* en Europe (remember *je* becomes *j'* when followed by a vowel).
2. *Je gagnerai beaucoup d'argent.*

TOP TIP

You can also express things in the future by using the immediate future tense using aller + infinitive, which translates as 'going to'. E.g. *Je vais étudier* – I am going to study.

Pronouns	Future stems	Verb endings	Sentence endings
je	*gagner*	*ai*	*un emploi*
tu	*travailler*	*as*	*en Europe*
il	*continuer*	*a*	*à étudier*
elle	*ir*	*ons*	*en France*
on	*voyager*	*ez*	*beaucoup d'argent*
nous *vous* *ils* *elles*	*ser* *aur* *chercher* *achèter* *vivr*	*ont*	*à l'université* *dans (les médias)* *comme (médecin)* *une voiture* *(dans) un appartement*

Exercise 3

Now read the following text and highlight all the examples of the future tense. There are 25 altogether.

Then select those that apply to your future.

J'ai beaucoup de projets d'avenir passionnants ! L'année prochaine, je passerai mon bac et avec un peu de chance et beaucoup de travail, je serai reçue et je quitterai le lycée. Je n'irai pas à la fac tout de suite parce que je prendrai une année sabbatique pour voyager avec ma meilleure amie, Amandine. Nous ferons du bénévolat pendant six mois dans une école en Amérique du Sud. Nous enseignerons et nous aiderons les enfants à apprendre le français. Quand j'y serai, j'apprendrai l'espagnol et ça m'aidera beaucoup dans ma future carrière. Après, nous voyagerons en Amérique du Sud : nous visiterons le Brésil, l'Argentine et le Chili. J'aurai beaucoup d'expériences culturelles passionnantes à partager ! Une fois rentrée en France, j'irai à l'université à Paris où j'étudierai l'espagnol, l'allemand et le marketing. Je louerai un appartement avec des amis et je serai très contente d'avoir mon indépendance ! Après la fac, je trouverai un bon emploi, bien payé et je vivrai peut-être à l'étranger. J'habiterai à Londres, Madrid ou Berlin sans problème. Je gagnerai beaucoup d'argent, j'achèterai une belle maison et je prendrai plein de vacances dans des pays exotiques ! Mon avenir sera fantastique !

Work and CVs

What did you plan to do during your work experience? How was it? Did you have a good or bad experience? This topic will explore ways you can discuss both your planning and your evaluation of this in French.

Planning for work experience

Let's look first of all at planning for work experience. To do this, we'll use the immediate future tense.

Je vais faire un stage ...	I'm going to do work experience ...
... au centre sportif	... at the sport centre
... dans un bureau	... in an office
... chez un avocat	... at a lawyer's
Ça va durer une semaine	It's going to be for a week
Je vais y aller ...	I'm going to go ...
... à pied	... on foot
... en bus	... by bus
Je vais porter (un costume)	I'm going to wear (a suit)
Je vais manger (à la cantine)	I'm going to eat (at the canteen)
Je me sens (nerveux/euse)	I feel (nervous)

Grammar blast!

The immediate future

The immediate future refers to things which are going to happen. In order to form the immediate future, it's just a case of using **aller + the infinitive** of the verb. For example, *Nous allons manger* – We are going to eat.

The verb *aller* is conjugated as below:

aller (to go)			
je vais	I go	*nous allons*	we go
tu vas	you go	*vous allez*	you go
il/elle va	he/she goes	*ils/elles vont*	they go
on va	one goes/we go		

Exercise 1

Translate the following sentences in the immediate future from French into English.

1. *Je vais classer des papiers.*
2. *Je vais me lever à huit heures du matin.*
3. *Nous allons répondre au téléphone.*
4. *Tu vas travailler au contact des clients.*
5. *Ils vont beaucoup apprendre.*

Exercise 2

Using the immediate future tense, answer the following questions about planning for work experience. The first one is done for you. You will also find sample responses in the answers section.

1. *Où est-ce que tu vas travailler ? Je vais travailler (dans un garage).*
2. *Tu vas te lever à quelle heure ?*
3. *Comment est-ce que tu vas aller au travail ?*
4. *Qu'est-ce que tu vas faire au travail ?*

Exercise 3

Reorder the following questions and answers about work experience between a teacher and a student so that they make a complete conversation. Listen once you've reordered them to check your answers.

Professeur
- *Alors Caty, qu'est-ce que tu vas faire comme stage ?*
- *Ah, c'est beaucoup de responsabilité ! Où est-ce que tu vas travailler ?*
- *Ah bon, c'est très bien ! Et qu'est-ce que tu vas faire au travail ?*
- *Tu vas commencer à quelle heure ?*
- *Alors je te souhaite bon courage et bonne chance !*
- *Qu'est-ce que tu vas porter au travail ?*
- *Comment est-ce que tu vas aller au travail ?*

Elève
- *Je vais commencer à huit heures et quart. C'est un peu trop tôt pour moi !*
- *En fait, le cabinet médical n'est pas trop loin de chez moi, donc je vais y aller à pied.*
- *Merci, monsieur !*
- *Je vais classer les dossiers des patients.*
- *Oui, mais je suis une personne très responsable quand même ! Je vais travailler au centre-ville.*
- *Je vais travailler chez un médecin.*
- *A mon avis, il est important d'être bien habillé, donc je vais porter une jupe et un chemisier.*

TOP TIP

If you want to make the immediate future negative, all you need to do is add **ne** and **pas** around the parts of *aller*, e.g. Je **ne** vais **pas** travailler – I am not going to work. *Facile !*

Reviewing your work experience

Now let's look at how you would describe a work experience that you have completed. In order to do this you now need to use the past tense, the perfect tense and the imperfect tense.

Mon stage en entreprise	My work experience
C'était comment ?	How was it?
C'était ...	It was ...
... une expérience intéressante	... an interesting experience
... facile/long/dur/varié	... easy/long/hard/varied
J'ai travaillé comme sécrétaire	I worked as a secretary
J'ai classé des documents	I filed documents
Je suis allé(e) au travail (à vélo)	I went to work (by bike)
J'ai appris comment (parler aux clients)	I learned how to (speak to customers)
J'ai dû répondre au téléphone	I had to answer the phone
Je ne me suis pas amusé(e)	I didn't enjoy it
Le stage a duré quinze jours	The placement lasted a fortnight
J'avais peur	I was scared
J'étais nerveux/nerveuse	I was nervous
Je m'entendais bien avec mes collègues	I got on well with my workmates
Le stage m'a préparé(e) au monde du travail	Work experience prepared me for the world of work

Exercise 1

Match the correct sentence starters with the endings. Write the sentences out in full.

1.	Mon stage	a.	au travail en bus.
2.	J'ai appris	b.	une tenue élégante.
3.	Le stage a duré	c.	durait une heure.
4.	Je m'entendais bien	d.	comment discuter avec les clients au téléphone.
5.	Je suis allé	e.	le travail à neuf heures.
6.	J'ai porté	f.	une semaine.
7.	Je commençais	g.	au travail.
8.	La pause déjeuner	h.	a été une expérience intéressante et variée.
9.	Je me suis amusé(e)	i.	à dix-sept heures.
10.	Je finissais	j.	avec mes collègues.

Grammar blast!

The perfect tense – *le passé composé*

The perfect tense ('*le passé composé*' in French) is used to describe completed actions in the past. It is made up of two parts: either one of the verbs '*avoir*' or '*être*' (which is called the auxiliary or helper verb) followed by the **past participle** of the verb, e.g. *Je suis allé(e)*. The table below shows how it is constructed. You will find a full explanation on the perfect tense in the **Focus on grammar** section on page 87.

Auxilliary verb + Past participle = Perfect tense				
Auxiliary verb	**+**	**Past participle**	**=**	**Perfect tense**	**English**
Je suis		*allé(e)*		*Je suis allé(e)*	I went
J'ai		*mangé*		*J'ai mangé*	I ate

The vast majority of verbs take '*avoir*' as the auxiliary verb. Reflexive verbs and a group of another 13 verbs take '*être*'. Verbs which take '*être*' have to agree with their subject, e.g. *elle est arrivé***e** and *elles sont arrivé***es**. So if you're a girl you would write *je suis arrivé***e**, adding the extra '**e**' to make it feminine.

You will find detailed information about the perfect tense and *être* verbs on page 89.

Exercise 2

Now using the perfect tense constructions from the table below, write 10 sentences in the perfect tense, adding the sentence endings provided. Hint: where there are letters in brackets, these verbs will take *être* as the auxiliary and will take the extra **e** if you're a girl.

j'ai fini	*j'ai joué*	*j'ai porté*	*je suis allé(e)*	*j'ai mangé*
j'ai ouvert	*j'ai travaillé*	*j'ai gagné*	*je suis arrivé(e)*	*j'ai dû*

1. *dans un office de tourisme.*
2. *à cinq heures moins le quart.*
3. *les lettres des clients.*
4. *aux cartes avec les patients.*
5. *une tenue de sport.*
6. *au travail en voiture.*
7. *toujours à l'heure.*
8. *au café avec mes amis pendant la pause de midi.*
9. *ranger les rayons.*
10. *environ cinq euros cinquante de l'heure.*

TOP TIP

Create a short sentence in the perfect tense and use it for future reference as a guide on how to form it, e.g. '*J'ai joué au foot et je suis allé(e) au cinéma le week-end*'. The sentence tells us it's complete and gives us an example with both *être* and *avoir* !

Exercise 3

Now go back through the sentences from the previous task and add at least two opinions for each one using *C'était*.

E.g *J'ai dû ranger les rayons. C'était pénible et fatigant.*

Reviewing successes

In this final part of the topic, we'll bring together what you've learned about using the future, immediate future and past tenses to talk about what you've achieved, what your ambitions are and how you would discuss these when applying for a job. This will also support you in preparing for the writing part of the exam.

date/lieu de naissance	date/place of birth
compétences	skills
intérêts	interests
expériences professionelles	professional experiences
stage professionnel	work experience
une référence	a reference

Exercise 1

Look at the qualities below and decide if they would make a '*bon candidat*' or a '*mauvais candidat*' for a job.

Je suis toujours à l'heure	Je suis une personne très responsable
Je suis toujours en retard	Je suis travailleur/euse
J'ai un bon relationnel	J'ai un mauvais relationnel
Je suis paresseux/euse	Je suis irresponsable

Exercise 2

Look at the example of a CV template below. Read the letter that follows and complete the CV for Zuri using the information provided.

Nom

Prénom

Adresse

Date de naissance

Lieu de naissance

Nationalité(s)

Matières étudiées au lycée

Expériences professionelles

Compétences linguistiques

Qualités personnelles

Centres d'intérêt

Zuri Fernandez
7 rue de la grande plage
64200 BIARRITZ
France

Biarritz, le 5 juin 2014

Cher Monsieur, chère Madame,
Suite à votre annonce, je me permets de poser ma candidature pour le poste de réceptionniste dans votre hôtel.

J'ai la double nationalité car mes parents sont d'origine espagnole mais je suis née et j'ai grandi en France. Par conséquent, je parle l'espagnol et le français couramment et je parle aussi l'anglais (j'ai un niveau intermédiaire). J'adore apprendre les langues ; d'ailleurs, j'apprends le chinois en ce moment. Cependant, je ne suis actuellement qu'au niveau débutant.

Je suis née le 13 juin 2000 à Biarritz en France et j'y ai habité toute ma vie donc je connais très bien la région, ce qui est important pour renseigner les touristes, je crois!

Au lycée, je suis en seconde et j'ai obtenu mon brevet l'année dernière. Maintenant, j'étudie le français, la géographie, les maths, l'anglais et la musique.

Je dirais que je suis une personne responsable, fiable, raisonnable, chaleureuse et très sociable. Je trouve qu'il est très facile de se faire de nouveaux amis et de parler avec des personnes de cultures et de milieux différents.

L'année dernière, j'ai fait un stage en tant que réceptionniste dans un hôtel ici, à Biarritz, et cela m'a beaucoup plu. J'ai dû accueillir les clients, prendre des réservations et répondre au téléphone. C'était intéressant et j'ai eu l'occasion de pouvoir parler l'anglais, l'espagnol et un peu de chinois aussi!

Sinon, quand je ne travaille pas, je suis très sportive: j'aime les sports nautiques et la danse.

En espérant que ma candidature retiendra votre attention, je vous prie d'agréer, cher Monsieur, chère Madame, l'expression de mes sentiments distingués.

Cordialement,
Zuri Fernandez

Now use the example you've written for Zuri to make up your own CV in French. Look back through your notes and through the rest of this book to help you.

TOP TIP

When you are writing a letter in French, you need to ensure that you keep it very formal and use **vous** at all times.

Exercise 3

Now try writing your own job application letter. Make sure you include:

- A clear start and finish (including your address and the date)
- Your language skills and what you've studied at school
- Your professional experience (work experience for example)
- Your hobbies and personal qualities
- What you would like to do in the future.

Focus on grammar: the future tense and the conditional tense

Let's look at the two ways of expressing the future in French: the future tense and the conditional tense.

Future tense

The future tense is the equivalent of will + infinitive in English. For example, I will do, you will do, he will do, etc.

The future tense stem always ends in the letter 'r' and so in order to form the future tense for most verbs you simply take their infinitive and then add the following endings. Note that RE verbs drop the 'e' so that they end in an 'r'.

travailler (to work)			
je travaillerai	I will work	nous travaillerons	we will work
tu travailleras	you will work	vous travaillerez	you will work
il/elle travaillera	he/she will work	ils/elles travailleront	they will work
on travaillera	one/we will work		

finir (to finish)			
Je finirai	I will finish	nous finirons	we will finish
tu finiras	you will finish	vous finirez	you will finish
il/elle finira	he/she will finish	ils/elles finiront	they will finish
on finira	one/we will finish		

prendre (to take)			
je prendrai	I will take	nous prendrons	we will take
tu prendras	you will take	vous prendrez	you will take
il/elle prendra	he/she will take	ils/elles prendront	they will take
on prendra	one/we will take		

Exercise 1

Translate the following phrases into French.

1. I will work
2. You will sleep
3. He will travel
4. She will eat
5. We will learn
6. You will write
7. They (f) will learn
8. They (m) will open

Now add to these examples of the future tense to turn them into complete sentences, e.g. 'J'ouvrirai des lettres.'

There are about 24 irregular future stems in French. Some of the most common verbs are listed in the following table.

Complete the table by adding an example conjugation in the future and the English translation of what it means.

Infinitive	Stem	Example	Translation
acheter	*achèter*	*j'achèterai*	I will buy
aller	*ir*		
avoir	*aur*		
devoir	*devr*		
essayer	*essayer* or *essaier*		
être	*ser*		
faire	*fer*		
falloir	*faudr*	*il faudra*	I/you/he/she etc. will have to*
pouvoir	*pourr*		
savoir	*saur*		
tenir	*tiendr*		
valoir	*vaudr*		
voir	*verr*		
vouloir	*voudr*		

*'*Il faudra*' is the future tense of '*il faut*' and works in the same way, e.g. '*il faudra travailler*' = 'one will have to work'.

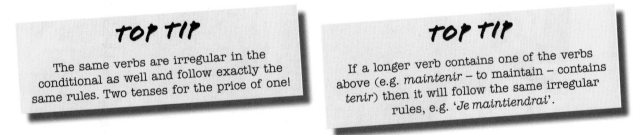

TOP TIP

The same verbs are irregular in the conditional as well and follow exactly the same rules. Two tenses for the price of one!

TOP TIP

If a longer verb contains one of the verbs above (e.g. *maintenir* – to maintain – contains *tenir*) then it will follow the same irregular rules, e.g. '*Je maintiendrai*'.

The conditional tense

The conditional tense is used to describe future events that might happen. It can be translated as would + infinitive in English, e.g. I would be, I would go, I would travel, etc.

Once you've learned the future tense, forming the conditional tense is easy! It's simply a case of taking the future stems and adding the following conditional endings.

être	*aller*	*voyager*
*Je ser**ais***	*J'ir**ais***	*Je voyager**ais***
*Tu ser**ais***	*Tu ir**ais***	*Tu voyager**ais***
*Il/elle/on ser**ait***	*Il/elle/on ir**ait***	*Il/elle/on voyager**ait***
*Nous ser**ions***	*Nous ir**ions***	*Nous voyager**ions***
*Vous ser**iez***	*Vous ir**iez***	*Vous voyager**iez***
*Ils/elles ser**aient***	*Ils/elles ir**aient***	*Ils/elles voyager**aient***

TOP TIP

Do you recognise the conditional endings? They're exactly the same as the imperfect ones!

GOT IT?

Exercise 3

Read the following text by Stéphan, a French Terminale student, and highlight all of the future tense phrases in blue and all of the conditional tense phrases in red.

Je quitterai le lycée l'année prochaine et j'irai à la fac à Grenoble pour faire des études d'ingénieur et de langues. Je voudrais étudier plusieurs langues, comme l'arabe et le chinois, mais je pense que je n'aurai pas assez de temps pour tout faire ! Je louerai un appartement avec des amis qui seront dans la même université que moi, et j'aimerais vivre pas trop loin du centre-ville comme ça nous serons près de la vie nocturne et des magasins ! Moi et mes amis n'aurons pas beaucoup d'argent, il nous faudra donc un appartement pas cher. Je pourrais payer davantage si je trouvais un petit boulot, mais je préférerais ne pas travailler les week-ends pour me détendre ! Ça serait l'idéal !

Planning a trip

This topic looks at holidays: both planning for holidays and talking about past holidays. This will give you more opportunities to practise your past and future tenses.

Planning a trip

Let's look first of all at making plans for future trips.

Je voudrais aller ...	I would like to go ...
... en France	... to France
... en Espagne	... to Spain
... en Allemagne	... to Germany
... au Canada	... to Canada
... aux Etats-Unis	... to the USA
Je voudrais visiter ...	I would like to visit ...
... les monuments historiques	... the historic monuments
... les sites touristiques	... the tourist sites
... un parc d'attractions	... a theme park
... les magasins	... the shops
Je voudrais voir les paysages	I would like to see the scenery
J'aime voyager parce que ...	I like to travel because ...
... c'est reposant	... it's relaxing
... c'est intéressant	... it's interesting
... on peut découvrir d'autres cultures	... we can discover different cultures
... on peut goûter de nouvelles cuisines	... we can try different food
... on peut rencontrer des gens	... we can meet new people
... on peut voir le monde	... we can see the world
... on peut parler la langue du pays	... we can speak the local language
... on peut élargir ses horizons	... we can broadens our horizons

Exercise 1

Where would you like to visit? Choose a country to visit, find out what it is in French (remember to check if it's masculine, feminine or plural) and then use the vocabulary above to write about where you would like to go and why.

TOP TIP

Most country names in French are feminine, but the general rule is that if the name ends in the letter 'e' in French, then it's feminine, e.g. *La France, L'Ecosse, L'Espagne*. There are some exceptions though, so always double-check first!

Grammar blast!

Prepositions and places

Prepositions are words that tell us where something is. Some examples are 'in', 'on top of', 'underneath', etc. When talking about countries and towns, use the following table to help you say 'to' or 'in' a place.

Place	Masculine	Feminine	Plural
Countries	au	en	aux
	e.g. *Je vais au Portugal.*	e.g. *Je vais en France.*	e.g. *Je vais aux Pays-Bas.*
Towns	With towns we always use à, e.g. *Je vais à Glasgow.*		

Exercise 2

The French actress Michelle Ecarlate, star of a detective programme called *Point Rouge*, is going to be filming on location in New York. She is known for being a real diva and is very demanding when going on trips.

Read Michelle Ecarlate's demands and complete this sample trip itinerary for her. She would like to do a cultural activity on every day of her trip.

Moyen de transport

Classe

Hôtel

Lundi

Mardi

Mercredi

Jeudi

Vendredi

Samedi

Dimanche

Je suis une personne très chic et il est très important que ce séjour soit parfait. Je voudrais voyager en avion ; il me faut absolument un billet en première classe pour voyager de Paris à New York.

Quand je serai aux Etats-Unis, je voudrais loger dans un hôtel cinq étoiles et je voudrais qu'il soit près des magasins. Je voudrais faire du shopping à New York ! Pas plus de cinq minutes à pied maximum.

C'est la première fois que je vais à New York donc je suis, bien sûr, très enthousiaste à l'idée de partir visiter la grosse pomme. J'ai hâte de voir les bâtiments célèbres tels que l'Empire State Building et la statue de la Liberté. J'ai toujours rêvé de me promener ou de faire du patin à glace à Central Park. Par ailleurs, les musées des beaux-arts comptent parmi les meilleurs musées du monde. J'ai envie d'aller y admirer des œuvres d'art moderne.

Enfin, quand je serai à New York, je voudrais goûter la cuisine américaine et manger dans des restaurants connus où se retrouvent des gens célèbres.

Je suis sur un petit nuage, quand je pense que je vais aller aux Etats-Unis. J'adore voyager pour parler la langue du pays et pour rencontrer des gens, New York me paraît une ville pleine d'énergie, donc je compte y passer un super bon séjour !

Your best holiday

This section will focus on past holidays and the places you have most enjoyed visiting. We'll also look again at the past tenses: the perfect and the imperfect.

Mes vacances préférées, c'était ...	My favourite holiday was ...
quand je suis allé(e) ...	when I went ...
en Grèce	to Greece
à Majorque	to Majorca
en Crète	to Crete
en voyage scolaire	on a school trip
C'était ...	It was ...
amusant	fun
merveilleux	wonderful
Il faisait (très chaud)	The weather was (very hot)
Il y avait du soleil	The weather was sunny
froid	cold
J'ai logé dans un hôtel	I stayed in a hotel
dans un appartement en location	a self-catering apartment
J'ai visité (le château)	I visited (the castle)
J'ai nagé dans la mer	I swam in the sea
J'ai bronzé/je suis allé(e) bronzer à la piscine	I sunbathed by the pool
Je préfère les vacances mouvementées	I prefer active holidays
... les vacances reposantes	... relaxing holidays
... les vacances à l'étranger	... holidays abroad
... les vacances en Ecosse	... holidays in Scotland

Grammar blast!

The perfect tense and the imperfect tense

This table gives you some of the rules, in this context, as to when you use the perfect tense (*passé composé*) or the imperfect tense (*imparfait*).

Tense	Use it to describe ...	Example	English
Perfect tense	Something which happened once	*Je suis allé à Paris.*	I went to Paris.
	Something which happened a specific number of times	*Je suis allé à Paris trois fois.*	I went to Paris three times.
	Something which happened at a specific time	*Je suis allé à Paris le lundi.*	I went to Paris on Monday.
Imperfect tense	Something which happened regularly	*J'allais à Paris chaque année.*	I went to Paris every year.
	Something which has no specific ending	*J'allais à Paris.*	I was going to Paris.
	Descriptions	*C'était un séjour intéressant.*	It was an interesting trip.
	Describing the weather	*Il faisait beau.*	The weather was nice.

GOT IT? ☐ ☐ ☐

Exercise 1

Work out which tense you should use in each of the sentences below: imperfect or perfect?

1. *L'année dernière, j'allais/je suis allé(e) en France dans le cadre d'un échange scolaire.*
2. *J'ai mangé/Je mangeais au restaurant tous les soirs.*
3. *La cuisine était/a été délicieuse !*
4. *Il a fait/Il faisait assez chaud.*
5. *J'ai rendu visite/Je rendais visite à mon grand-père le week-end.*

Exercise 2

Gordon, a Scottish student is talking about a trip he took last year to Spain with his friends. Pick out all the phrases in the perfect and imperfect tense and then check your answers at the back of the book.

> *Je suis allé en vacances récemment avec mes amis et mes camarades de classe. Nous sommes allés à Barcelone en Espagne ! L'Espagne se trouve sur la côte méditerranéenne, alors il y faisait très chaud. J'y ai beaucoup aimé les gens, les sites touristiques et la culture.*
>
> *J'ai logé dans un appartement en location avec mes amis et j'ai partagé une chambre avec mon ami, Michael. Malheureusment, il ronflait en dormant et je n'arrivais pas à dormir ! C'était agaçant !*
>
> *Pendant la journée, nous avons fait des activités culturelles et touristiques. Le soir, je suis allé voir un concert que donnait mon DJ préféré, DJ Donna Dongé. J'ai dansé pendant des heures ! C'était un séjour fantastique et j'ai très envie de retourner en Espagne un de ces jours.*

Exercise 3

Choose your dream holiday destination and then use the vocabulary from this section to write a short description of where you went, where you stayed, who you went with, what the weather was like, what you did when you were there and what kind of holidays you prefer.

TOP TIP

When talking about holidays, you will refer to most of the activities in the perfect tense. All descriptions, things you did repeatedly (e.g. swam in the pool every day) and the weather will be in the imperfect tense.

Aspects of other countries

The aspects of other countries topic looks at France and other francophone countries. Let's firstly look at France. To do this, we're going to link it to numbers and dates.

Exercise 1

Read through the information below about France and then complete the table.

La France

Nom : *République française*

Devise : *'Liberté, égalité, fraternité'*

Drapeau : *Bleu, blanc et rouge, rayé dans cet ordre verticalement*

Population : *65 millions*

Capitale : *Paris, où habitent 2 millions de personnes.*

Gouvernement : *Démocratie*

Langue(s) officielle(s) : *Le français (depuis 1536)*

Monnaie : *L'euro (depuis 2002)*

Organisation : *Il y a vingt-sept régions en France, notamment l'Ile de France (Paris et ses environs), la Bretagne, la Basse-Normandie et la Haute-Normandie et Rhône-Alpes.*

5 de ces régions ne sont pas en France mais se trouvent à l'étranger. On appelle ces régions 'outre-mer'. Les régions (et départements) d'outre-mer sont la Guyane française, la Martinique, la Guadeloupe, la Réunion et Mayotte.

Chaque région est composée de plusieurs départements. Il y a 101 départements au total.

Number	What does it refer to?
65 millions	
2 millions	
1536	
2002	
5	
101	

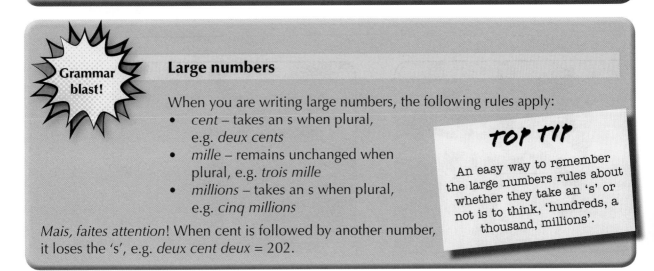

Grammar blast!

Large numbers

When you are writing large numbers, the following rules apply:

- *cent* – takes an s when plural, e.g. *deux cents*
- *mille* – remains unchanged when plural, e.g. *trois mille*
- *millions* – takes an s when plural, e.g. *cinq millions*

Mais, faites attention! When cent is followed by another number, it loses the 's', e.g. *deux cent deux* = 202.

TOP TIP

An easy way to remember the large numbers rules about whether they take an 's' or not is to think, 'hundreds, a thousand, millions'.

Exercise 2

Listen to the following statistics about food in French culture and add in the missing numbers.

1. *Il y a environ _____ boulangeries en France et on estime que _____ des Français mangent du pain tous les jours !*
2. *Il y a plus de _____ restaurants à Paris.*
3. *Les Français mangent l'équivalent de _____ de fromage par personne et par an.*
4. *Il y a plus de _____ sortes de fromages différents en France.*

Grammar blast!

Years

Years are said in full in French, e.g.:
- *deux mille quinze* = 2015
- *mille neuf cent vingt* = 1920

Exercise 3

Look at the following years. Write them out and then practise saying them.

2014

1932

2000

1965

1999

Exercise 4

Now listen to the French historian, *le professeur Relique-Ancienne,* talking about important dates from the history of France and add the missing dates and years.

Les grands événements de l'histoire de France ? Oh, voyons, il y en a beaucoup !

La Révolution française a commencé en _____1_____ et s'est terminée en _____2_____.

Le roi de France, Louis XVI et sa femme, Marie-Antoinette, ont été exécutés pendant la Révolution. Louis XVI d'abord, le _____3_____ et puis Marie-Antoinette, neuf mois plus tard, le _____4_____.

Les guerres napoléoniennes sont une série de batailles et guerres qui ont eu lieu entre la France et la Grande-Bretagne entre _____5_____ et _____6_____. La dernière bataille est celle de Waterloo qui a eu lieu le _____7_____ à Waterloo en Belgique.

Le Première Guerre mondiale, entre _____8_____ et _____9_____ puis la Seconde Guerre mondiale entre _____10_____ et _____11_____ ont été toutes les deux très difficiles pour la France parce qu'une grande partie des combats se sont déroulés en France.

La francophonie

'*La francophonie*' refers to all other countries in the world where French is an official language or French is spoken by a significant number of the population. 57 countries in the world are members of the *Organisation internationale de la francophonie*.

Les pays francophones …	French-speaking countries …
du monde	in the world
en Afrique	in Africa
en Asie	in Asia
en Amérique du Nord	in North America
en Amérique du Sud	in South America
en Europe	in Europe
le français est la deuxième langue européenne	French is the second European language

Exercise 1

Look at the list of francophone countries below. Do you know where they are in the world? Write a sentence for each of them, saying which continent they are in.

E.g. La Belgique **se trouve** *en Europe.*

la Belgique	*le Laos*
la Suisse	*la Canada*
la Tunisie	*le Vietnam*
la Grèce	*le Maroc*
la Bulgarie	*le Luxembourg*
la Roumanie	*Madagascar*
la Côte d'Ivoire	*le Cambodge*

TOP TIP

Remember that for feminine countries and continents you use '*en*', for masculine countries you use '*au*' and for plural countries you use '*aux*'.

Exercise 2

Now read the following accounts of three different francophone countries from around the world and answer the questions below by selecting the correct country for each one.

1. Which country has the largest population?
2. Which country has the smallest capital city?
3. Which country has a lot of poverty?
4. Which country has the largest number of official languages?
5. Which country has a royal family?
6. Which country is mountainous?

Amira, le Maroc

Le Maroc se trouve en Afrique du Nord. C'est un pays de 33 millions d'habitants. La capitale s'appelle Rabat et se trouve dans l'ouest du pays, sur la côte atlantique. Au Maroc, les langues officielles sont l'arabe et le berbère mais le français est largement parlé aussi. Au Maroc, nous avons une famille royale et un gouvernement. Au Maroc, vous trouverez tout ! Les plages, le désert et, bien sûr, les belles montagnes de l'Atlas !

Roger, la République démocratique du Congo

Moi, j'habite une grande ville qui s'appelle Kinshasa et qui est la capitale de mon pays, la République démocratique du Congo. Kinshasa est une très grande ville de 8 millions d'habitants. La population du Congo est de 65 millions au total. J'aime habiter ici parce que les gens sont toujours de bonne humeur et qu'il y règne un esprit de communauté, mais c'est vrai qu'il y a beaucoup de pauvreté. Le Congo est un pays d'Afrique, situé dans le sud-ouest du continent. C'est un pays énorme et une grande partie est recouverte par la jungle ! Il n'y a qu'une langue officielle au Congo : le français !

Olivier, la Suisse

La Suisse est un pays assez petit de 8 millions d'habitants. La Suisse se trouve en plein coeur de l'Europe et c'est un pays alpin et montagneux ! Moi, j'habite dans une ville qui s'appelle Montreux et qui est située au bord d'un lac. La capitale de la Suisse s'appelle Berne, qui ne compte que 125,000 habitants. C'est très petit comme capitale ! Il y a quatre langues officielles en Suisse : le français, l'allemand, l'italien et une langue qui s'appelle le romanche qui est parlée dans certains régions.

Celebrating special events

'*Jours fériés*' are an important part of all cultures. Let's have a look at the main French festivals.

un jour férié	a public holiday
une fête	a party/festival
fêter	to celebrate
un jour de congé	a day off
le réveillon	Christmas Eve party
le Nouvel An	New Year
les traditions	traditions
faire la fête	have a party
On s'amuse bien !	We enjoy ourselves!

Exercise 1

La date	*La fête*
Le 1er janvier	*Le Jour de l'An.*
Le 6 janvier	*L'Epiphanie*
février	*la Chandeleur*
	La Saint-Valentin
avril	*Le 1er avril – Poisson d'avril*
le 1er mai	*La Fête du Travail*
le 8 mai	*L'Armistice*
juin	*La Fête de la musique*
juillet le 14 juilliet	*La fête nationale*
novembre	*La Toussaint*
novembre	*Le 11 Novembre*
le 24 décembre	*La veille de Noël*
le 25 décembre	*Le jour de Noël*
le 31 janvier	*Le réveillon du Nouvel An*

Look at the French calendar of festivals above. Read about the traditions below and match them to each of the festivals to complete the calendar.

1. *La soirée précédant Noël quand on se retrouve en famille pour dîner et pour échanger des cadeaux.*
2. *Jour qui commémore la Révolution et l'établissement de la république française. Il y a des feux d'artifice.*
3. *Une journée en famille pour manger et fêter Noël !*
4. *On fête le premier jour de l'année !*
5. *Fête qui marque la fin des fêtes de Noël et l'arrivée des rois mages.*
6. *Un jour de congé qui veut dire en fait qu'il n'y a pas de travail pour la plupart des gens aujourd'hui !*
7. *Fête romantique quand on achète des cadeaux et des fleurs pour nos amoureux(euses).*
8. *Jour commémorant la fin de la Première Guerre mondiale. Le président de la République dépose une gerbe de fleurs sur la tombe du Soldat inconnu à l'Arc de triomphe à Paris.*
9. *Journée où l'on mange des crêpes.*
10. *Un jour férié où l'on se souvient des amis ou des membres de sa famille décédés.*
11. *Un jour férié commémorant la fin de la Seconde Guerre mondiale en Europe.*
12. *Une nuit festive qui arrive à son point culminant à minuit avec l'arrivée du Nouvel An !*

13. *Faites attention ! C'est la journée des blagues et des tours !*
14. *Fête où l'on organise des concerts dans toutes les villes françaises. Une nuit pour danser et écouter de la musique !*

Reflexive verbs in the perfect tense

'*s'amuser*' is an example of a reflexive verb in French. Let's now look at how reflexive verbs are formed in the perfect tense. You'll notice that they all take '*être*' in the perfect tense.

As the reflexive verbs take '*être*', this also means they have to agree with their subject. The agreements are in brackets in the example of *s'amuser* below.

s'amuser			
Je me suis amusé(e)	I enjoyed myself	*Nous nous sommes amusé(e)(s)*	We enjoyed ourselves
Tu t'es amusé(e)	You enjoyed yourself	*Vous vous êtes amusé(e)(s)*	You enjoyed yourself/ yourselves
Il/Elle s'est amusé(e)	He/she enjoyed him/ herself	*Ils/Elles se sont amusé(e)(s)*	They enjoyed themselves
On s'est amusé	One enjoyed oneself We enjoyed ourselves		

Exercise 2

Fill in the correct form of '*s'amuser*' in the perfect tense in the sentences below.

1. *Je _____ à la Fête de la musique !*
2. *Nous _____ le jour de la Saint-Valentin cette année !*
3. *Est-ce que tu _____ au réveillon ?*
4. *Je sais que Thomas _____ à l'Epiphanie !*
5. *Elles _____ en faisant des crêpes pour la Chandeleur !*

TOP TIP

You will know a verb is reflexive when you look it up in the dictionary because it will have the pronoun 'se' before the infinitive, e.g. *se coucher* or *s'amuser*.

Literature of France

The 'literature of France' topic gives you a chance to delve a bit deeper into the history and traditions of French literature and culture.

un roman	a novel
un livre non romanesque	a non-fiction book
écrit par	written by
l'histoire	the story
l'intrigue	the plot
une comédie	a comedy
un roman d'aventures	an adventure novel
un livre pour enfants	a children's book
un roman policier	a murder mystery
une histoire qui fait peur	a scary story
une histoire d'amour	a love story
le roman a lieu en France	the novel is set in France
l'action se déroule à Paris	the action takes place in Paris
les descriptions sont très (vivantes)	the descriptions are very (vivid)
c'est une histoire (captivante)	it's a (gripping) story
compliqué(e)	complicated
amusant(e)	funny
l'histoire me tient en haleine	the story grips me
mon auteur préféré c'est	my favourite author is
mon livre préféré c'est	my favourite book is

Exercise 1

Make a list of five books you've read, and use the vocabulary on the previous page to write a sentence about each one.

Exercise 2

Read the following opinions about books. Think of a book you have read that matches this opinion and write the title in the Livre column.

Opinion	Livre
A mon avis, c'est une histoire assez longue et trop compliquée.	
Selon moi, c'est un roman avec une intrigue passionnante et vous tient en haleine.	
D'après moi, l'histoire est romantique mais un peu niaise.	
Je trouve les personnages très amusants.	
Je m'identifie au personnage principal.	

Exercise 3

The following books are classic French novels. Use a dictionary to translate the titles into English and then look them up online to see if you can find out what kind of book they are (e.g. *science fiction, roman historique, roman d'amour*) and who wrote them.

TOP TIP

Reading a French book or story that you have already read in an English translation is a good way of helping you to improve your reading skills.

Titre	Traduction	Auteur	Genre
1. Le Tour du monde en quatre-vingts jours			
2. Les Trois Mousquetaires			
3. Le Comte de Monte-Cristo			
4. Vingt mille lieues sous les mers			
5. Le Petit Nicolas			
6. Le Petit prince			

Now listen to this French teenager, Mathieu, talking about his favourite French book and answer the questions below in English.

1. How often does Mathieu try to read a book? (1)
2. What types of books does he like? (2)
3. What did *80 Days Around the World* inspire him to do? (1)
4. What other kinds of books does he enjoy? (2)
5. What does he like about *The 3 Musketeers* and *The Man in the Iron Mask*? (2)
6. Why does he prefer *Le Petit Nicolas*? (2)

Read about French teenager Pierre talking about French literature and then answer the questions.

Je crois que mon auteur français préféré c'est un auteur, très connu, en France, qui s'appelle Daniel Pennac. Son style est très facile à lire et je trouve que les intrigues sont toujours très bien construites. J'adore son roman 'L'Œil du loup'. C'est l'histoire de l'amitié entre un enfant africain et un loup qu'il rencontre quand il va au zoo. Pour moi, l'idée du roman est vraiment originale et dès que j'ai commencé à le lire, je n'ai pas pu m'arrêter.

1. Who is Pierre's favourite author? Give details. (1)
2. What does he think of his writing style and storylines? (2)
3. What is his book 'L'Œil du loup' about? (2)
4. What else does he say about the book? (2)
5. Which of the following questions do you think Pierre was responding to? Tick the correct box. (1)

> 1. What kind of books do you enjoy reading? ☐
> 2. What do you think of French books for young people? ☐
> 3. Tell us about your favourite French author. ☐

Film

The final topic looks at French film and TV. First, we look at Film. In class you may have watched French films and clips from TV programmes.

Mon film français préféré c'est	My favourite French film is
un film d'épouvante/d'horreur	a horror film
une comédie	a comedy
une comédie romantique	a romantic comedy
un drame	a drama
un film d'action	an action film
un film d'amour	a love film
un film de science-fiction	science fiction
un film policier	a police film
un dessin-animé	a cartoon
les personnages	the characters
le scénario	film script
la mise-en-scène	the production
un acteur/une actrice	an actor/an actress
la vedette	the star
le réalisateur/la réalisatrice	the director
les sous-titres	subtitles
le film se passe (en France)	the film is set (in France)
le film m'a fait (rire/pleurer/peur)	the film made me (laugh/cry/scared)
Je préfère voir les films au cinéma	I prefer watching films at the cinema
J'ai vu un film au cinéma	I saw a film at the cinema

Exercise 1

Do an Internet search for the following French films and complete the table below with the missing information.

Titre du film	Réalisateur	Genre	Tu l'as vu ?
Une vie de chat			Je l'ai vu /Je ne l'ai pas vu
Le Petit Nicolas			
Au revoir les enfants			
Les Choristes			

Exercise 2

Now write a mimumum of four sentences in French about a French film you have seen. Use the example below to help you.

1. J'ai vu un film français qui s'appelle Les Choristes.
2. Le film se passe en France pendant les années cinquante.
3. Le film a été réalisé par Christophe Barratier et la vedette du film, c'est l'acteur français Gérard Jugnot.
4. C'est un drame mais c'est aussi très amusant par moments.

Grammar blast!

The imperfect tense

The imperfect tense is used for descriptions and opinions in the past. For regular verbs, it is formed by taking the 'nous' part of the verb in the present tense and then adding the endings below. Let's take the example of 'regarder' and look at how it's formed.

1. regarder – nous regardons
2. Take away the 'ons' ending and you're left with the stem 'regard'
3. Then add the following endings:

regarder (to watch)			
je regard**ais**	I watched	nous regard**ions**	we watched
tu regard**ais**	you watched	vous regard**iez**	you watched
il/elle regard**ait**	he/she watched	ils/elles regard**aient**	they watched
on regard**ait**	one/we watched		

être is the only irregular verb in the imperfect tense. The stem is **ét** and you just add the same endings as above, e.g. J'étais, tu étais, il était, etc.

TOP TIP

Remember, if the subject of a sentence is a singular noun (e.g. le film) then it takes the il or elle part of the verb, e.g. Le film était très drôle.

Exercise 3

Complete the following sentences by adding the imperfect tense of the verb in brackets. Conjugate the verb in full first if it helps you.

1. *L'action _____ (se dérouler) pendant la Révolution française.*
2. *A mon avis, le film _____ (être) bien construit.*
3. *Les enfants _____ (chanter) dans une chorale.*
4. *Il y _____ (avoir) une scène très émouvante à la fin du film.*
5. *Le personnage principal _____ (retrouver) sa famille.*

Exercise 4

Read the following opinions of films and translate them into English. Write the name of a film that reflects this opinion for you.

Opinion (French)	Opinion (English)	Film
1. *J'ai trouvé ce film trop long et l'histoire était difficile à suivre.*		
2. *J'avais du mal à lire les sous-titres.*		
3. *J'aimais le personnage principal et je m'indentifiais à son dilemme.*		
4. *L'intrigue était très bien écrite avec beaucoup de rebondissements !*		
5. *J'étais déçu par la fin du film.*		
6. *Je me sentais un peu bouleversé(e) par ce film.*		
7. *Je rigolais sans arrêt en regardant ce film !*		

Television

Finally, let's look at television in France.

J'aime regarder …	I like to watch …
… les émissions	… programmes
… les émissions de sport	… sports programmes
… les émissions sur les voitures	… car programmes
… les émissions sur la nature	… nature programmes
… les informations	… the news
… les débats politiques	… political debates
… les séries policières	… American series
… les émissions policères	… detective shows
… la télé-réalité	… reality TV
… les dessins animés	… cartoons
… les jeux télévisé	… gameshows/quiz shows
… les comédies	… comedies
… les documentaires	… documentaries
… les feuilletons	… soap operas
… les sitcoms	… sitcoms
… les thrillers psychologiques	… thrillers
… les publicités	… the adverts
… les présentateurs	… the presenters
Cela plaît beaucoup aux jeunes	It's very popular with young people
Ça a l'air (divertissant)	It looks (entertaining)
Ça me paraît être (bête)	It seems to me to be (stupid)
Je ne regarderais jamais cette émission	I would never watch this programme
J'aimerais bien la voir	I would really like to see it
zapper	to flick through the channels

Exercise 1

Look up the following French TV shows on the Internet. Write what type of programme it is and give your opinion on whether you would like to watch it or not.

Emission	Genre	Opinion?
E.g. *Les Revenants*	*thriller psychologique*	*J'aime ce type d'émission.*
the Voice		
Plus belle la vie		
Des chiffres et des lettres		
Qui veut gagner des millions ?		
Dora l'exploratrice		
La Planète bleue		
Téléfoot		
Le journal de 13 heures		
Danse avec les stars		

Exercise 2

Now listen to the following people giving their opinions about TV programmes. Listen and then complete the table.

Type(s) of programme	Opinion (When they watch TV/ how often/where)	Opinion of TV
1. *Jean* 2. *Béa* 3. *Paul*		

Exercise 3

Decide if each of the following opinons about TV are negative or positive and then give an example of any programme which matches that opinion for you.

	Negative	Positive	Example
C'est une émission bête que je ne regarderais jamais.			
Je ne rate jamais cette émission.			
Je ne l'ai pas vue mais j'ai envie de la voir.			
Je regarde cette émission quand je zappe et que je ne trouve rien de plus intéressant à regarder.			

TOP TIP

French channels like TF1 and Canal+ have lots of programmes which you can watch via their websites. Watching French TV online is a really good way to help expose you to the language and gradually build up your understanding and familiarity with French. Pick a programme you like in English and watch its French equivalent – French football programmes, such as *Téléfoot*, or a feuilleton like *Plus Belle la Vie*.

Exercise 4

Now read the following article about television and answer the questions in English.

Les jeunes ados regardent la télévision plus que jamais auparavant. 'Je regarde des DVD de séries américaines. Je les regarde sur mon ordinateur portable, au lit, dans ma chambre.' dit Anaïs, une lycéenne de Reims. 'Le problème c'est que maintenant, je ne pense plus à rien quand je reste au lit en regardant des séries pendant deux, trois, quatre heures. Quand je commence, je n'arrive pas à m'arrêter ! C'est addictif !' Cette situation devient de plus en plus courante chez les jeunes, qui regardent la télé en moyenne trente-quatre heures et demie par semaine. 'Un peu de télé peut permettre de se détendre et ça peut être éducatif mais c'est comme tout : il faut de la modération,' conseille un expert.

1. What type of TV does Anaïs watch? Where does she watch it? (2)
2. What does she say is the problem with this? (2)
3. What does the report say about how much time teenagers spend watching TV? (1)
4. What points does the expert make about TV? Mention any 2 things. (2)
5. What is the main purpose of this report? Tick the correct box. (1)

1.	To warn about the kind of programmes young people are watching.	■
2.	To warn about the TV viewing habits of young people.	■
3.	To look at the different ways young people are watching TV.	■

Focus on grammar: the perfect tense and the imperfect tense

The final focus on grammar will look more in depth at the two main past tenses in French – the perfect tense and the imperfect tense.

It can be tricky to distinguish between which tense to use and when, but these English translations should help guide you.

Tense	Perfect	Imperfect
Example	J'ai travaillé	Je travaillais
Translation	I was working	I have worked I worked I did work

Now let's look at each of them in more detail.

The perfect tense

The table below outlines when we would use the perfect tense (*passé* compose).

Something that happened once.	*Je suis allé à Paris.*	I went to Paris.
Something that happened a specific number of times.	*Je suis allé à Paris trois fois.*	I went to Paris three times.
Something that happened at a specific time.	*Je suis allé à Paris lundi.*	I went to Paris on Monday.

Exercise 1

Read the following sentences and decide if they would be in the perfect tense or not, if translated. Explain why for each of them, and then add a translation.

Sentence	Perfect tense?	Explanation	Translation
Last night I went to the cinema to watch the French film, *Tais toi !*			
I ate at the restaurant one or two times.			
We went during the summer.			
My friends visited their cousins.			
I was living in Paris.			

Perfect tense with avoir

The perfect tense with *avoir* is the most common form of the perfect tense and applies to all French verbs except the group of *être* verbs (more on this later) and reflexive verbs (e.g. *se lever*).

To conjugate the perfect tense, you first of all need to know *avoir* and secondly need to know the past participle of the verb.

To form the past participle of a regular ER, RE and IR verbs, apply the following rules:

Regular verb	Rule	Past participle
ER verbs, e.g. *manger*	ER becomes *é*	*mangé*
RE verbs, e.g. *rendre*	RE becomes *u*	*rendu*
IR verbs, e.g. *finir*	IR becomes *i*	*fini*

Exercise 2

Organise the following verbs into the correct columns of the table below and then add an example of what one would look like in the full version of the perfect tense. Finally, translate your example.

manger	parler	perdre	répondre	réfléchir	visiter
rendre	voyager	fêter	finir	entendre	établir
choisir	vendre	attendre	regarder	grossir	maigrir

Avoir	ER verbs	RE verbs	IR verbs	Example	Translation
j'ai	*mangé*	*rendu*	*maigri*	*J'ai maigri*	I lost weight
tu as					
il/elle/on a					
nous avons					
vous avez					
ils/elles ont					

Exercise 3

Using the table above and the bank of time phrases (right) to help you, translate the following sentences.

1. We travelled last week.
2. I lost weight during the holidays.
3. They (f) celebrated at the weekend.
4. He answered three days ago.
5. She visited the castle two weeks ago.
6. You ate a pizza yesterday.
7. She sold the house in the morning.
8. They (m) chose the book a month ago.

Time phrases
il y a un mois – one month ago
la semaine dernière – last week
il y a deux semaines – two weeks ago
pendant les vacances – during the holidays
le week-end – at the weekend
le matin – in the morning
hier – yesterday
il y a trois jours – three days ago

Irregular past participles with avoir

Exercise 4

The following verbs have irregular past participles and so don't follow the rules above.
Complete the table below with an example of each and the translation.

Infinitive	Past participle	Example	Translation
avoir	eu	j'ai eu	I had
boire	bu		
comprendre	compris		
connaître	connu		
croire	cru		
devoir	dû		
dire	dit		
écrire	écrit		
être	été		
faire	fait		
lire	lu		
mettre	mis		
ouvrir	ouvert		
pouvoir	pu		
prendre	pris		
savoir	su		
voir	vu		
vouloir	voulu		

The perfect tense with être

Let's now focus on the perfect tense with *être*.

The three key things you need to know about the perfect tense
with *être* are:

1. Which verbs take *être* in the perfect tense
2. What their past participles are (e.g. *aller* becomes *allé*)
3. That they must agree with the subject, i.e. take an 'e' when
   feminine and an 's' when plural (e.g. *elle est allée*)
4. Let's start with the verbs that take *être* in the perfect tense.

Exercise 5

Complete the parts of être in the table below:

être	To be		
	I am you are he/she is one is/we are		we are you are they are

Below, you'll find a group of the main verbs which take être in the perfect tense. There is no easy way around this, other than just to learn these verbs! It's painful but the best approach is to choose a way that works for you and practise, practise, practise until you've got them. The verbs below are arranged so that their first letters each spell out MRS VANDERTRAMP. Some people find this a useful way to learn them!

Verb	Past participle	Example
Monter	*monté*	*je suis monté(e)*
Retourner	*retourné*	*tu es retourné(e)*
Sortir	*sorti*	*il est sorti*
Venir	*venu*	*elle est venue*
Arriver	*arrivé*	*on est arrivé*
Naître	*né*	*nous sommes né(e)s*
Descendre	*descendu*	*vous êtes descendu(e)s*
Entrer	*entré*	*ils sont entrés*
Rester	*resté*	*elles sont restées*
Tomber	*tombé*	*je suis tombé(e)*
Rentrer	*rentré*	*tu es rentré(e)*
Aller	*allé*	*il est allé*
Mourir	*mort*	*elle est morte*
Partir	*parti*	*on est parti*

Exercise 6

Take all of the examples from the table above and rewrite them using a different pronoun and part of *être*. Don't forget that they have to agree with the subject.

For example:

Our example	Your example
Je suis monté(e)	*Elle est montée*

Exercise 7

Write out a list of all the verbs that take *être* from the table above and try each of the following approaches to learn them. There are 14 verbs so give each approach a rating out of 14 e.g. *Cinq sur quatorze*, based on how many you remembered.

Approach

Write the verbs into two lists of opposites, e.g. *mourir/naître, arriver/partir*. Add an action to each of them and try and learn all seven pairs with their accompanying actions. Note: *tomber* and *rester* don't really match with anything so put them together.

Draw a house with stick people showing each of the actions from the verbs, e.g. *monter/descendre* can be shown on stairs.

Using the verbs with *Je* (as in the rhyme below), write a short story going through all the actions and just the verbs, e.g. going into a house, going up the stairs would be *je suis entré, je suis monté*, etc.

Approach

Try adding a rhythm to the verbs as they are grouped below or creating your own actions or tune to go along with them.

je suis allé
je suis venu
je suis monté
je suis descendu

je suis entré
je suis sorti
je suis arrivé
je suis parti

je suis tombé
je suis resté
je suis rentré
je suis retourné

je suis né
je suis mort

Exercise 8

Read the following text by a Scottish teenage girl, Sophie. It's full of mistakes! Find the 10 mistakes in the perfect tense with être and rewrite the text in the correct form.

Pendant les grandes vacances, je suis alles en France avec ma famille. C'était vraiment super ! Nous sont arrivé le lundi et nous avons monté à la Tour Eiffel le jour même ! Quand je suis descendus de la tour, j'ai tombé et j'ai cassé mon appareil photo malheureusement. Ma famille et moi sont resté à Paris pendant une semaine mais ma soeur a partie la semaine suivante. Elle a retourné en Ecosse en train et nous sommes rentré en avion. Quand je suis quitter Paris, j'étais triste. J'y retournerai un de ces jours !

TOP TIP

When you want to make anything in the perfect tense negative, simply add 'ne' and 'pas' around the auxilary verb (the être or avoir part) e.g. Je **n'ai pas** voyagé, je **ne** suis pas allé !

The imperfect tense

Finally, let's focus on the imperfect tense. It's fairly straightforward once you've learnt a few simple rules.

The imperfect tense is used in the following cases:

1. To describe something that happened regularly in the past, e.g. *je jouais avec mes amis tous les jours* (I used to play with my friends everyday)
2. To describe what something was like in the past, e.g. *C'était formidable mais il faisait très chaud !* (It was great but the weather was very hot !)
3. To describe things with no definite end, e.g. *J'étais en France* (I was in France)

Exercise 9

Write five sentences in English that would be translations of the imperfect tense in French. Explain why each of them is imperfect.

Sentence	Explanation
E.g. I was in France.	No definite end so would be classed as ongoing/incomplete.

Forming the imperfect tense

To form the imperfect tense, follow these steps:

1. Find the *nous* form of the verb in the present tense, e.g. *nous travaillons*.
2. Chop off the **ons** ending.
3. Add the following endings:

Infinitive	*parler*	*attendre*	*finir*
Present nous form	par**l**ons	attend**ons**	finiss**ons**
Imperfect	je parl**ais** tu parl**ais** il/elle/on parl**ait** nous parl**ions** vous parl**iez** ils/elles parl**aient**	j'attend**ais** tu attend**ais** il/elle/on attend**ait** nous attend**ions** vous attend**iez** ils/elles attend**aient**	je finiss**ais** tu finiss**ais** il/elle/on finiss**ais** nous finiss**ions** vous finiss**iez** ils/elles finiss**aient**

TOP TIP

- ER verbs which have the letter G before the ER, keep the E part in the *nous* form, e.g. *Nous mangeons* in the imperfect would be *'je mangeais'*.
- Remember that *être* is the only irregular verb in the imperfect tense. Its stem is *ét* in the imperfect and so it becomes *'j'étais, tu étais'*, etc.
- *'Il y a'* becomes *'il y avait'* in the imperfect and translates as 'there was/were'. A very useful phrase to know!

Exercise 10

Pick any five verbs and complete your own version of the table below. The first one has been started for you so you can use it as a guide.

Infinitive	*écouter*
Present nous form	*écout**ons***
Imperfect	*j'écout**ais***

Exercise 11

Think back to the festivals you celebrated when you were young. Complete the following sentences, adding in the correct forms of the verbs in the imperfect tense.

Quand j'_____(1) jeune, _____(2) beaucoup de fêtes ! Pour le Nouvel An, ma mère _____(3) toujours une soirée pour toute la famille chez nous. Mon beau-père _____(4) des feux d'artifice dans le jardin à minuit ! (5) fantastique ! J'adore manger, alors la Chandeleur _____(6) une de mes fêtes préférées. On_____ (7) des crêpes au chocolat, _____(8) trop bon !

Pour Pâques, nous _____(9) toujours les oeufs et je _____(10) beaucoup d'oeufs au chocolat bien sûr !

La Fête de la musique _____(11) très appréciée dans ma ville et j'_____(12) souvent à des concerts. J'_____(13) écouter la musique et danser avec mes amis au centre-ville !

Enfin, il ne faut pas oublier le plus grand fête, Noël. On _____(14) toujours Noël en famille et après un bon repas, moi et mes frères _____(15) tous nos cadeaux !

étais	*organisait*	*allions*	*passait*	*ouvrions*
il y avait	*allumait*	*peignions*	*était*	*c'était*
mangeait	*mangeais*	*aimais*	*assistais*	

Exercise 12

Pick any five festivals you celebrated when you were young and write a sentence in the imperfect tense about what you did for each of them.

TOP TIP

Keep things simple and use the vocabulary you have to find a way of saying what you want to be able to say. If it feels like it doesn't make sense it probably doesn't, so try a simpler approach!

Preparing for talking

Your talking assessment is a very important part of your overall modern languages experience. Not only because it is worth a third of your overall mark, but also because it is helping you to develop the skills to become a true French speaker!

Presentation

Let's look at what you can do to develop your skills in the presentation and to help you ensure you are as well prepared as you can be.

Je vais parler de	I'm going to talk about
Je voudrais vous parler de	I would like to talk about
Je vais vous présenter	I'm going to present to you
Je vais discuter de	I'm going to discuss
Pour conclure	To conclude
En conclusion	In conclusion

When writing your presentation, use the following success criteria to help you plan and review what you have written:

1. Choose a topic you will enjoy speaking about.
2. Have a clear introduction, at least two structured paragraphs and then a clear conclusion.
3. Use a variety of language structures, e.g. different opinion phrases.
4. Use modifiers, e.g. *très, assez, vraiment* etc.
5. Use interesting adjectives. Don't just stick to sympa, gentil, etc.
6. Use interesting time phrases, e.g. *tous les quinze jours, il y a un an,* etc.
7. Include at least one stand-out phrase that adds a little gold dust!
8. Use at least two tenses, including the conditional, e.g. *J'aimerais*.

Exercise 1

Read the following sample speaking presentation and check it against the success criteria above. Catagorise the sentences into what works and what can be improved, then rewrite the improvement sentences with your own amendments.

> *Je vais discuter de mes passe-temps préférés.*
>
> *D'une manière générale, je dirais que je suis une personne motivée, active et enthousiaste. J'aime passer du temps en plein air et je préfère faire du sport plutôt que de rester clouée devant la télé ou l'ordinateur. Cependant, j'aime beaucoup me détendre et je vais souvent au cinéma.*
>
> *Quant au sport, j'aime faire du vélo, du VTT, de la natation, du footing et je fais aussi partie d'une équipe de foot à cinq. Je suis fan de sports d'hiver comme le ski, mais je n'en fais pas souvent. Je trouve que le sport est non seulement bon pour la santé mais aussi très bon pour l'esprit ! Je suis heureuse quand je fais du sport.*
>
> *En conclusion, j'adore le sport, c'est super !*

Talking: conversation

Your teacher will ask you some unexpected questions. These will often be things like 'who with, when, you like ... ?', etc. Below you will find a list of key words which may come up in these types of questions. Prepare responses to the questions you are most likely to be asked and get a family member or friend to practise them with you.

Exercise 2

Using the key words below, prepare a bank of answers to these questions, which you can use no matter what the topic is or when they are asked.

Key question words	Example	Your response
Avec qui ?	*J'y vais avec mon frère.*	
Quand ?	*Tous les jours après l'école.*	
Tu aimes (le foot) ?	*Oui, j'adore ça !*	
Où ?	*A la maison.*	

Preparing for writing

As with the talking assessment, you have time on your side to get ready for the writing. You can prepare most of it in advance!

The writing assessment requires you to answer a job advert by writing an email job application. The job will be different in every question paper but the responses you have to give will largely remain the same.

Firstly, let's look at how you would start your email, depending on what job you are applying for.

Cher Monsieur/Chère Madame	Sir/Madame

Suite à votre annonce, je me permets de poser ma candidature pour le poste de (réceptionniste).
  serveur/serveuse
  vendeur/vendeuse
  animateur/animatrice
	Following your advert, I would like to apply for the post of (receptionist).
	  waiter/waitress
	  shop assistant
	  group leader

Exercise 1

Read the following job adverts and, using the vocabulary above, write the opening line of an email for each one.

Carrières

1. Hôtel Coco Chanel
Cherche de jeunes gens travailleurs et fiables pour travailler dans notre hôtel comme réceptionnistes à partir de la fin du mois de septembre.

2. Camping Où est ma tente
Aimez-vous travailler en contact avec des enfants ? Est-ce que vous êtes enthousiaste, avez-vous le sens de l'humour ? Nous recherchons des jeunes pour nous assister en tant qu'animateurs dans notre camping cet été de début juin à fin septembre.

3. Café L'Escargot rapide
Nous avons besoin de jeunes qui parlent français et au moins une autre langue pour travailler dans notre charmant petit café. Voici en quoi consiste le travail : servir les clients, préparer les boissons et nettoyer les tables.

4. Souvenirs de Paris
Cherche de jeunes gens motivés et travailleurs qui parlent au moins deux langues (le français et l'anglais) pour travailler comme serveur/serveuse dans notre magasin au centre de Paris.

TOP TIP

Make sure you use the masculine and feminine job title when you are writing your response, e.g. serveur/serveuse.

Answering the predictable bullet points

Now let's look in more detail at how you answer each of the bullet points.

Four of the bullet points will always be as follows:

- Personal details (name, age, where you live)
- School/college/education experience until now
- Skills/interests you have which make you right for the job
- Related work experience

The other two will be different each time but will usually relate to work and education.

Look at the vocabulary below relating to work experience and skills and match the sentences to the jobs from the adverts on the previous page. You can use them more than once.

top tip

You're writing is 120–150 words in total. You can take off 30 words altogether for your introduction and conclusion, meaning you have about 20 words per bullet point to write.

J'ai appris comment parler aux clients	I learned how to talk to customers
J'ai de l'expérience dans le domaine de l'enfance	I have experience of working with children
J'ai appris comment utiliser la caisse	I learned how to use the till
Je travaille bien en équipe	I work well in a team
Je m'exprime bien	I express myself well
J'aime parler avec les clients	I like speaking to customers
Je suis toujours bien habillé(e)	I'm always well-dressed

Exercise 3

Read the following text and match each paragraph to the correct bullet point above. Rewrite the text in the correct order, changing the words in bold to answer it for yourself.

1. *Cette année, j'ai fait un stage **dans un restaurant** et j'y ai appris à **servir les clients** et **l'importance d'être organisé dans son travail**.*
2. *Je suis actuellement élève à **St Anne's High School** où je suis **en troisième**. J'étudie **les maths, l'anglais, le français, l'histoire, la musique et l'allemand**.*
3. *Je suis une personne **motivée, polie et travailleuse** et j'aime **rencontrer des gens**. Je m'intéresse beaucoup **à la mode** ; à mon avis, je suis faite pour travailler **dans un magasin**.*
4. *Je m'appelle **Anna Wenerowski** et j'ai **quinze** ans. J'habite à **Milnathort**, un **petit village situé dans l'est de l'Ecosse**.*

Answering the unseen/unpredictable bullet points

Let's now focus on the two bullet points that are unseen and unpredictable. These require you to write without knowing what is going to be asked and are a test of your ability to cope with the unknown while still retaining control of the language.

Read the examples of unseen/unpredictable bullet points below and match each one to the correct translation in the right-hand column.

1.	When are you available to start work?	a.	*Je rangerais les rayons et je plierais les vêtements.*
2.	Which languages you speak.	b.	*J'aime cuisiner et je pourrais préparer le petit-déjeuner le matin.*
3.	What experience you have of working with young people.	c.	*Je voudrais travailler en France parce que j'aime découvrir de nouvelles cultures.*
4.	How you get on with customers.	d.	*Je suis très sportif, donc je jouerais au ping-pong et au foot avec les enfants.*
5.	What additional tasks you could undertake in the shop.	e.	*Je suis allé en France il y a deux ans et je voudrais visiter les Etats-Unis.*
6.	How you would contribute to the day to day running of the hostel.	f.	*Je m'entends bien avec les clients car je suis une personne gentille et polie.*
7.	What activities you would play/do with the children.	g.	*Je peux commencer le travail au mois de juillet, pendant les grandes vacances.*
8.	Your experience of other countries.	h.	*J'apprends le français depuis 6 ans et j'ai un correspondant à Nice.*
9.	Why you would like to work in France.	i.	*Je parle l'anglais, le français et j'apprends le chinois.*
10.	What links you have with France.	j.	*J'aime le contact avec les enfants et je travaille dans un club pour enfants tous les samedis.*

Creating a bank like the one started for you below can be a useful way to collect different parts of phrases, which you can then mix and match to possible unseen/unpredictable bullet points. Using the examples of unseen/unpredictable bullet points from exercise 4, see if you can add any more words/phrases to the table below.

Verbs	Whole verbs	Time phrases	Connectors	Opinions	Places	Adjectives
Je voudrais *Je travaille* *Je sers*	*commencer* *travailler*	*le week-end* *au mois de...*	*mais* *parce que* *cependant*	*A mon avis*	*dans un magasin* *dans un café*	*disponible* *prêt(e)*

Exercise 6

Use the writing bank created in exercise 5 to see if you can now answer each of the unseen/unpredictable bullet points in exercise 4.

Exercise 7

Translate the following sentences from English to French.

1. I work in a café at the weekend.
2. I have experience of working with children.
3. I like speaking French.
4. I would like to work in France because I would like to improve my French.
5. I went to Spain two years ago and it was fantastic.

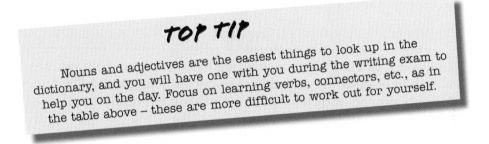

TOP TIP

Nouns and adjectives are the easiest things to look up in the dictionary, and you will have one with you during the writing exam to help you on the day. Focus on learning verbs, connectors, etc., as in the table above – these are more difficult to work out for yourself.

Finally, to write your email conclusion, you can use the following phrase.

En espérant que ma candidature retienne votre attention, je vous prie d'agréer, cher Monsieur, chère Madame, l'expression de mes sentiments distingués.	In the hope that my application is of interest to you, please accept, Sir/Madam, my regards. Yours faithfully,
(nom)	(name)

Exercise 8

Write all unseen/unpredictable bullet points from exercise 4 on pieces of paper and then draw any two from a hat. Then, using the introduction, the standard four bullet points, your two unseen bullet points and then conclusion, write out a sample essay in full.

Preparing for reading

In this section, we'll look at how to approach the reading paper and how to ensure you secure each of those important marks.

Before you start a reading paper you should always have a strategy. This is one approach you could use:

1. Read the questions first.
2. Read the whole text quickly twice. Don't look up words; just get a general gist of what it's about.
3. Go back to the questions one by one to start to answer them. Highlight the key words in each question as you go – this will help direct you to the answers.
4. Check how many marks the question is worth.
5. Answer in sentences, ensuring that your answer makes sense in English and that you have all the information necessary for the number of marks. Remember that the answers will all be in the order that they appear in the text.

Exercise 1

Understanding what kinds of things the questions are looking for will help you when you come to answer them yourself. To practise this, read the following text about Iceland and write six questions and then allocate marks depending on how much information it is possible to give in the answer. The first one is done for you.

L'Islande

L'Islande, une île volcanique aux frontières du cercle polaire, est un pays qui ne ressemble à aucun autre. Les anciens glaciers, les icebergs immenses, les volcans actifs et les sources chaudes nous donnent l'impression d'être plutôt sur la lune que sur Terre !

Si vous y êtes pendant l'hiver, les nuits sont claires et vous avez la possibilité de voir des aurores boréales*. Ce phénomène naturel est un spectacle de nuit au cours duquel le ciel passe par toutes les couleurs imaginables : du rouge au vert, du bleu au rose. C'est une expérience impressionnante, émouvante et une vraie merveille de la nature qu'on vous encourage de voir au moins une fois dans votre vie !

Ce pays magnifique vous offrira de nombreuses expériences inoubliables dont l'une des plus extraordinaires est certainement d'observer les baleines. Voir ces animaux majestueux en pleine nature, c'est quelque chose que vous n'oublierez jamais.

* aurores boréales (English translation – Aurora Borealis) – another name for the Northern Lights

1. Where is Iceland located? Give one detail. (1)

Read the following passage and answer the questions in English.

La musique et moi !

Jacques, 15 ans, musicien

Ma mère est chanteuse et mon père joue de la batterie, donc j'ai grandi en écoutant de la musique tous les jours. A l'âge de quatre ans, j'ai commencé à apprendre à jouer du piano et il y a sept ans, j'ai commencé à jouer de la guitare.

Au collège, j'ai trouvé ça assez difficile de me concentrer sur mes études et j'ai souvent rêvé en classe que je jouais dans un stade devant une foule de cinquante mille personnes ! Pourtant, si jamais je deviens un musicien de rock célèbre, je préfère que ça soit grâce à mon talent et parce que j'écris des chansons que les gens adorent. Je n'ai pas envie d'être une de ces stars de la télé-réalité ou des concours de talents comme Z-Factor. Je suis avant tout musicien et je préfère garder un peu d'intégrité !

1. What do Jacques' mum and dad do? (1)
2. When did he start to learn the guitar? (1)
3. What does Jacques dream about in class? (1)
4. What would he prefer to be famous for? (2)
5. Why would he not want to appear in a show like Z-Factor? (1)

When approaching a reading text, it is also very important that you include all the details. Never leave out words such as *très, assez* etc. or negatives such as *ne … que, ne … jamais* and *ne … .rien* !

Read the text below and answer the questions in English.

1. Accoding to the article, when do pupils work best?
2. What does one pupil say is the impact on their work when a teacher is annoying?
3. What does Dr Elisabeth Gris say about getting on with teachers?
4. What is her advice for getting on with your teachers?
5. What do pupils think?

Est-ce qu'il est possible d'être amis avec ses profs ?

Dans un sondage récent, huit élèves sur dix déclarent qu'ils travaillent mieux en cours quand ils s'entendent bien avec leurs profs.

'Si un prof m'énerve, je n'arrive pas à me concentrer et je n'ai plus envie de travailler' dit un élève.

Alors, comment faire pour avoir de bonnes relations avec ses profs ? 'Ce n'est pas toujours facile mais dans la vie, il faut apprendre à travailler avec des gens qu'on n'aime pas' affirme une experte en éducation, le Dr Elisabeth Gris.

Et ses conseils pour améliorer les relations avec les profs qu'on n'aime pas trop ?

'Premièrement, il ne faut jamais critiquer vos professeurs, ne pas vous plaindre si vous avez trop de travail et ne pas faire le clown en cours. Il faut toujours écouter ce qu'ils disent, sourire tout le temps et montrer aux professeurs que vous faites des efforts.'

Et les élèves, qu'est-ce qu'ils en pensent ? 'Il n'y a qu'un petit pourcentage de profs qui sont difficiles ou ennuyeux. En général, les cours sont assez intéressants.'

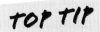

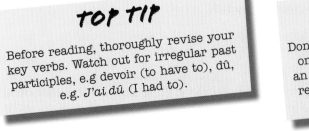

TOP TIP

Before reading, thoroughly revise your key verbs. Watch out for irregular past participles, e.g devoir (to have to), dû, e.g. J'ai dû (I had to).

TOP TIP

Don't waste huge amounts of time trying to answer one particular point if you are really stuck. Give an answer you think might fit, star mark it so you remember which one it is and then move on. You can come back to it later and try again.

Overall purpose of the text

The final question that you will have to answer in the reading and the listening paper is called the overall purpose of the text (OPT) question.

These are designed to test your comprehension of the text as a whole.

These will always be in multiple choice, tick-box format and are the final question in the reading paper.

TOP TIP

Leave the OPT question until last. At this point, you will have your best understanding of the whole text and so will be best placed to answer it correctly.

Exercise 4

Go back through each of the reading texts from the 'Preparing for reading' section and then select the correct overall purpose of each text from the choices below. Pick three example sentences from the text which support your answer.

Reading	1	2	3
L'Islande	To promote visiting Iceland?	To promote living in Iceland?	To promote studying in Iceland?
La musique et moi !	To discuss the role music has played in his relationships with his friends?	To talk about why music matters to young people?	To share his passion and experience of music?
Est-ce qu'il est possible d'être amis avec ses profs ?	To look at what makes a good teacher?	To examine relationships between teachers and students?	To discuss why teachers and students don't get on.

Preparing for listening

Lastly, let's look at some techniques which will help you get ready for listening.

Establishing a routine for listening is crucial in ensuring that you arrive prepared, calm and with a strategy. Here is one possible approach.

TOP TIP

To be good at listening, you simply need to recognise the vocabulary you know in its spoken form. The more you listen, the easier this becomes!

- Take a ruler into the exam and draw a line down the page, creating a section in each answer space where you can take notes.
- Read the questions before you listen to the text. Highlight key words and think about what you are listening for, e.g. Is it a time? You will hear the word **heure** if so.
- Predict the kinds of answers that might come up. Write a couple of quick notes.
- Check how many points you are looking for, e.g. two reasons.
- Listen to the recording and only take notes during this time.
- During the pause, go back and write your answers in full.
- Repeat the process for the second playing of the text.
- Cross out all of your notes when you are finished.

TOP TIP

The first text is always a presentation (one person) and the second text is always a conversation.

Exercise 1

Now try the approach above when listening to the following text. Then answer the questions below.

Caroline is talking about a recent visit she made to Scotland, to visit her Scottish penpal, Fiona.

1. When did Caroline come to Scotland? (2)
2. What was she nervous about before coming? (Mention any one thing) (1)
3. Mention any one thing she particularly loved about Scotland. (1)
4. What one thing did she find difficult when she was here? (1)
5. What did she believe about Scotland before coming here? (1)
6. What two things does Caroline say she misses about Scotland? (2)

Exercise 2

There is always an 'overall purpose of the text' question for the presentation part of the listening. It will always be the final question and is a tick box answer worth 1 point. Listen to the text again and then choose the correct answer below:

What does Caroline mainly talk about?

1. Her experiences and impressions of Scotland.
2. The difficulties she encountered on her trip.
3. The differences she noticed between French and Scottish culture.

Exercise 3

How many of the questions did you get right? Go back over the text and read and listen to it at the same time. Take a note of the vocabulary you didn't quite get and then listen to it all again without reading it this time.

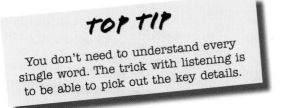

TOP TIP

You don't need to understand every single word. The trick with listening is to be able to pick out the key details.

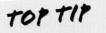

TOP TIP

Listen, listen and listen again. The more you listen, the more accustomed you will become to listening to French. Save listening texts on a playlist at home and listen to them over and over again.

Conversation

The second part of the listening assessment is always a conversation between two people on a different topic from the presentation. You will have 1 minute to look over your questions again and go through the routine as outlined at the start of this chapter. The conversation is worth 12 points.

Exercise 4

Listen to Moran being interviewed on a radio station about his past times and answer the questions in English.

1. What examples of creative past times does Moran give? Mention any two things. (2)
2. How often does he do sport? (1)
3. What kinds of sports does he enjoy? Mention any two things. (2)
4. What part-time job does he do? (1)
5. Moran talks about his weekend. Tick the statements that are correct. (2)

> 1. He likes to rest on Saturdays.
> 2. He goes to the cinema with his family.
> 3. He's a fan of comedy films.
> 4. There is a good cinema near his house.

6. What does he do on Sundays? (2)
7. What is he planning to do when he leaves school? (2)

Key vocabulary

The vocabulary in this chapter covers some of the key additional vocabulary that you should know. Pay attention to the top tips and exercises, take it bit-by-bit and make it your goal to know each of these sets of vocabulary inside out!

Time phrases

tous les jours	every day
chaque semaine	each week
quinze jours	a fortnight (2 weeks)
hier	yesterday
demain	tomorrow
l'année prochaine	next year
l'année dernière	last year
il y a deux ans	two years ago
quelquefois	sometimes
plusieurs fois	several times
une fois par semaine	once a week
pendant	during
avant/après	before/after

Exercise 1

Write one sentence for each of the expressions of time above, e.g. *Je joue au foot tous les jours.*

Expressions of quantity

un peu de	a little of
beaucoup de	a lot of
plusieurs	several
plein de	a lot of
trop de	too much of
quelques	some
une moitié	a half
demi	half
un quart de	a quarter of
moins de	less of
plus de	more of
encore	more
assez de	enough of

TOP TIP

Expressions of quantity are usually followed by **de** in French, e.g. *beaucoup de, assez de,* etc.

Exercise 2

Think of things you have or would like and then use them to create 'Je voudrais cards'. Include the expressions of quantity on the cards, e.g. *Je voudrais encore des vêtements.*

Question words

comment ?	how?
combien de ?	how many?
quand ?	when?
où ?	where?
qui ?	who?
quel/quelle/quels/quelles ?	which?
quoi ?	what?
pourquoi ?	why?
à quelle heure ?	at what time?

Exercise 3

Decide which question word is missing from each of the sentences below.

1. *Il y a _____ personnes ici ce soir ?*
2. *_____ est le stade de foot ?*
3. *_____ est-ce que la fête commence ? A _____ heure ?*
4. *Ton meilleur ami, c'est _____ ?*
5. *_____ préfères-tu les voitures françaises ?*

TOP TIP

Words like **où** are small but important – make sure you know them!

Prepositions

environ	about
en haut	above
sous	below
après	after
contre	against
autour de	around
au bout de	at the end of
derrière	behind
entre	between
partout	everywhere
loin de	far from
dans	in
dedans	inside
près de	near
à côté de	beside

Some of the prepositions in the table above are followed by **de**. The **de** changes to agree with the gender of the noun that follows. For example:

de + masculine singular	du	A côté du château	Beside the castle
de + feminine singular	de la	A côté de la gare	Beside the station
de + feminine singular + vowel	de l'	A côté de l'église	Beside the church
de + plural	des	A côté des magasins	Beside the shops

Go around your home/bedroom and make signs on sticky notes saying what is where, e.g. *'La télé est sur la table'*. Highlight the prepositions and leave them there as a revision reminder. See if you can use all the prepositions from the list above. Be sure to seek the permission of your parents/guardians before carrying out this activity!

Connectors

The following words are useful if you are looking to extend your sentences and make them more interesting and complex.

et	and
aussi	also
parce que	because
car	because
mais	but
cependant	however
pourtant	however
néanmoins	nonetheless
même si	even if
enfin	finally
si	if
ou	or
puisque	since
donc	so
alors	so
puis	then
ensuite	then

Use the connectors above to link the beginning and ends of the following sentences.

1. *Je fais du footing trois fois par semaine _____ j'essaie de garder la forme.*
2. *Le film était très émouvant _____ j'ai pleuré un peu à la fin.*
3. *Il a acheté une voiture _____ trois semaines plus tard il a _____ acheté une maison !*
4. *J'ai goûté les escargots _____ j'essaie d'être aventureux !*
5. *Il est sympa _____ il est un peu égoïste parfois.*

Modifiers

très	very
assez	quite
un peu	a bit
vraiment	really
trop	too

Adapt the following sentences to include one of the modifiers from the table above.

1. *Je serai _____ content(e) quand les examens seront finis !*
2. *Ma mère est _____ gentille mais elle peut être _____ sévère de temps en temps.*
3. *Les arbres dans mon jardins sont _____ grands.*
4. *A mon avis, il faut toujours être _____ respectueux de l'environnement.*

Key verbs

The following verbs are those which tend to be the most common and are therefore a good selection to focus on knowing. You're not expected to know them all off by heart, but make sure you can recognise their infinitives, their future stems and the past participles.

Infinintive	English	Perfect tense	Imperfect	Future
aller		je suis allé(e)	j'allais	j'irai
avoir		j'ai eu	j'avais	j'aurai
connaître		j'ai connu	je connaissais	je connaîtrai
comprendre		j'ai compris	je comprenais	je comprendrai
être		j'ai été	j'étais	je serai
devoir		j'ai dû	je devais	je devrai
dire		j'ai dit	je disais	je dirai
donner		j'ai donné	je donnais	je donnerai
faire		j'ai fait	je faisais	je ferai
mettre		j'ai mis	je mettais	je mettrai
parler		j'ai parlé	je parlais	je parlerai
perdre		j'ai perdu	je perdais	je perdrai
prendre		j'ai pris	je prenais	je prendrai
savoir		j'ai su	je savais	je saurai
trouver		j'ai trouvé	je trouvais	je trouverai
venir		je suis venu(e)	je venais	je viendrai
vivre		j'ai vécu	je vivais	je vivrai
voir		j'ai vu	je voyais	je verrai
vouloir		j'ai voulu	je voulais	je voudrai

Go through the verbs above and add the English translations to the table. Then pick any five of the verbs and conjugate them in full in the present, perfect, imperfect, future and conditional tenses. An example is done for you below.

Voir – to see				
Present	**Perfect**	**Imperfect**	**Future**	**Conditional**
je vois	j'ai vu	je voy**ais**	je verr**ai**	je verr**ais**
tu vois	tu as vu	tu voy**ais**	tu verr**as**	tu verr**ais**
il/elle/on voit	il/elle/on a vu	il/elle/on voy**ait**	il/elle/on verr**a**	il/elle/on verr**ait**
nous voyons	nous avons vu	nous voy**ions**	nous verr**ons**	nous verr**ions**
vous voyez	vous avez vu	vous voy**iez**	vous verr**ez**	vous verr**iez**
ils/elles voient	ils/elles ont vu	ils/elles voy**aient**	ils/elles verr**ont**	ils/elles verr**aient**

Numbers in French

0	zéro	71	soixante et onze
1	un	72	soixante-douze
2	deux	73	soixante-treize
3	trois	74	soixante-quatorze
4	quatre	75	soixante-quinze
5	cinq	76	soixante-seize
6	six	77	soixante-dix-sept
7	sept	78	soixante-dix-huit
8	huit	79	soixante-dix-neuf
9	neuf	80	quatre-vingts
10	dix	81	quatre-vingt-un
11	onze	82	quatre-vingt-deux
12	douze	83	quatre-vingt-trois
13	treize	84	quatre-vingt-quatre
14	quatorze	85	quatre-vingt-cinq
15	quinze	86	quatre-vingt-six
16	seize	87	quatre-vingt-sept
17	dix-sept	88	quatre-vingt-huit
18	dix-huit	89	quatre-vingt-neuf
19	dix-neuf	90	quatre-vingt-dix
20	vingt	91	quatre-vingt-onze
21	vingt et un	92	quatre-vingt-douze
22	vingt-deux	93	quatre-vingt-treize
23	vingt-trois	94	quatre-vingt-quatorze
24	vingt-quatre	95	quatre-vingt-quinze
25	vingt-cinq	96	quatre-vingt-seize
26	vingt-six	97	quatre-vingt-dix-sept
27	vingt-sept	98	quatre-vingt-dix-huit
28	vingt-huit	99	quatre-vingt-dix-neuf
29	vingt-neuf	100	cent
30	trente	200	deux cents
31	trente et un	201	deux cent un
32	trente-deux	1000	mille
40	quarante	2000	deux mille
50	cinquante	2500	deux mille cinq cents
60	soixante	1,000,000	un million
70	soixante-dix	2,000,000	deux millions

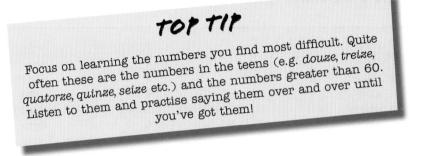

TOP TIP

Focus on learning the numbers you find most difficult. Quite often these are the numbers in the teens (e.g. *douze, treize, quatorze, quinze, seize* etc.) and the numbers greater than 60. Listen to them and practise saying them over and over until you've got them!

Exercise 8

Write the numbers 1–9. Listen to the following French phone numbers and write them down as you listen.

Exercise 9

Read back through the numbers and try saying them yourself now. Time yourself doing all 10 and see how fast you are!

Society

Friends

Exercise 3 – page 13

Adèle : *Tu aimes nos camarades de classe, Sadiq ?*

Sadiq : *Oui, je m'entends bien avec la plupart des personnes de la classe. Et toi ?*

Adèle : *Oui, en général, je m'entends bien avec mes camarades de classe. Oh, sauf avec Christophe. On ne s'entend pas bien. Il me critique tout le temps.*

Sadiq : *Christophe ? Moi, je m'entends bien avec Christophe. On ne se dispute jamais. Et Sophie ? Est-ce que tu t'entends bien avec Sophie ? Sophie et moi on rigole bien tous les deux.*

Adèle : *Sophie est une bonne amie. Elle a une bonne influence sur moi.*

Sadiq : *C'est vrai. A mon avis, André a beaucoup d'humour.*

Adèle : *Oui, il est très drôle. On discute souvent au téléphone et on s'envoie beaucoup de SMS.*

Sadiq : *Je discute de tout avec Max. C'est quelqu'un de très fiable et je peux me confier à lui.*

Adèle : *Moi aussi, j'ai beaucoup de choses en commun avec Max. On a les mêmes goûts.*

Sadiq : *Oui, il est super cool.*

Adèle : *Et toi, tu es cool aussi, Sadiq !*

Sadiq : *Moi ? Oh merci, Adèle ! On s'entend bien, toi et moi.*

Adèle : *Oui, très bien !*

Sport and exercise

Exercise 1 – page 19

La ville de Gardez-la-forme se trouve à la montagne et au bord d'un lac. Elle est donc très bien située pour les sports nautiques et les sports d'hiver. 23 personnes sur 100 aiment pratiquer des sports nautiques comme la voile. Et quand la neige, arrive les sports d'hiver sont aussi très appréciés. 36 personnes sur 100 aiment faire du ski et 15 personnes sur 100 aiment faire du surf des neiges. Le surf des neiges est surtout populaire chez les jeunes !

Par ailleurs, il y a d'autres sports qui sont aussi très populaires. 45 personnes sur 100 aiment le foot mais on ne sait pas s'ils préfèrent jouer ou simplement regarder ! L'équitation est assez appréciée : 7 personnes sur 100 aiment faire du cheval. 48 personnes sur 100 aiment faire du vélo ou du VTT en été et 10 personnes sur 100 aiment jouer au golf. Sachez enfin que la randonnée est très populaire dans cette ville et pratiquée par 67 % de ses habitants.

New technologies

Exercise 2 – page 27

Guillaume : *Christine, ma belle, c'est bientôt ton anniversaire : tu auras soixante ans ! Un anniversaire à fêter tout particulièrement ! Qu'est-ce que tu veux comme cadeau ? Je pensais à un joli pull en laine ou à un flacon de parfum peut-être ? Ou sinon, je pourrais t'offrir un bon d'achat pour ton magasin préféré ?*

Christine : *Ah non, chéri. Tu ne me connais pas ? ! Tu sais bien que je préfère toujours les nouvelles technologies ! J'ai vu un nouvel ordinateur portable avec un écran tactile par exemple. Et je ne supporte plus mon téléphone portable ; je ne peux pas passer ni recevoir des appels vidéo ni accéder à Internet, c'est complètement démodé ! Il me faut un smartphone !*

Guillaume : *D'accord, d'accord … mais tu sais bien que les nouvelles technologies coûtent très chères et, chérie, les gens passent trop de temps sur Internet !*

Christine : *C'est vrai, mais à mon avis, les technologies améliorent nos vies. Je peux trouver toute l'information que je veux, chatter avec mes amis, parler avec la famille à l'étranger, organiser les vacances ou faire du shopping en ligne. C'est génial !*

Guillaume : *Vacances, shopping, encore beaucoup d'argent ! Bon, ce n'est pas grave ; pour toi, parce que je t'aime, je t'acheterai une nouvelle tablette alors !*

Christine : *Oh c'est super, merci, Guillaume ! Je voudrais le tout dernier modèle, s'il te plaît. Vaut mieux être à jour !*

Guillaume : *Oh oui, bien sûr, le tout dernier modèle … d'accord chérie, pour toi, rien n'est trop beau ! Mais je vais t'offrir ce cadeau à condition que tu ne l'utilises pas plus de deux heures par soir. Il est important qu'on continue de discuter en face-à-face.*

Christine : *D'accord ! Il n'y a pas de problème, chéri !*

Global languages

Exercise 2 – page 29

Annas, 17 ans, Fès, Maroc.

Salut, je m'appelle Annas et j'habite à Fès au Maroc. Le Maroc se trouve dans le nord-ouest de l'Afrique sur la côte méditerranéenne. C'est un pays arabe et il y a deux langues officielles : l'arabe et le berbère*. Moi, je parle quatre langues, en fait. Je parle l'arabe et le français à l'école et j'apprends l'espagnol aussi. Quand je suis chez moi et avec ma famille, je parle le berbère. C'est notre langue locale, je la parle avec mes parents et mes grands-parents en particulier. Pour moi, c'est un grand honneur de pouvoir parler plusieurs langues. Une fois que j'aurai fini mes études, je voudrais travailler dans le commerce. J'aimerais donc apprendre aussi l'anglais. Pour nous, c'est normal de parler plusieurs langues et ça nous permet de réussir dans la vie.

* berbère means Berber

Ryuichi, 15 ans, Nagasaki, Japon

Bonjour, je m'appelle Ryuichi et je suis japonais. J'habite dans une grande ville qui s'appelle Nagasaki et se trouve dans le sud du Japon. Au Japon, on parle le japonais. C'est une langue qui est assez difficile à écrire. On doit beaucoup pratiquer à l'école et on met du temps à maîtriser notre langue ! J'apprends aussi l'anglais depuis l'école maternelle, depuis l'âge de trois ans. J'aime parler anglais et à mon avis, il est essentiel de savoir parler au moins deux langues étrangères. Puisque je  *voudrais travailler dans l'industrie automobile, j'ai commencé à apprendre l'allemand. Je ne sais pas si je vais travailler pour une entreprise allemande, mais je préférerais être familiarisé avec cette langue, comme ça j'aurai plus de chance si jamais j'ai l'occasion de postuler pour un poste chez un fabricant allemand. Au minimum, mes compétences linguistiques montreront que je suis intelligent et travailleur.*

Steffie, 16 ans, Berlin, Allemagne

Salut ! Je m'appelle Steffie et je viens de Berlin, la capitale de l'Allemagne. Ici, à Berlin, la plupart des gens sont bilingues. Nous parlons tous l'allemand et beaucoup d'Allemands parlent aussi l'anglais. Moi, je parle allemand à la maison et avec mes amis, et j'apprends l'anglais au lycée. J'apprends aussi le russe et je sais un peu de français. Pour moi, il est important de parler plusieurs langues pour mieux comprendre les étrangers et le monde.

The environment

Exercise 3 – page 37

Mme Vert : Bonjour, monsieur Le Gaspillage. Vous avez noté que nous avons des bacs de recyclage dans la rue maintenant.

M. Le Gaspillage : Les bacs de recyclage dans la rue ! Quelle horreur ! Je ne fais jamais de recyclage. Je ne recycle rien ! Je ne m'intéresse pas du tout à l'environnement.

Mme Vert : Oh monsieur, c'est une attitude méprisable ! Je ne mets plus rien dans la poubelle, j'essaie de tout recycler ! Et est-ce que vous économisez l'énergie à la maison ?

M. le Gaspillage : Economiser l'énergie ? ! J'économise l'énergie quand je ne fais rien ! Je n'éteins jamais les lumières.

Mme Vert : C'est vraiment incroyable. Moi, quand je fais les courses, je n'achète que des produits bios. Et vous ?

M. Le Gaspillage : Vous plaisantez, madame ! Au contraire, je n'achète que des produits non-bios ! Je n'achète que des produits non-recyclables, non-bios et mauvais pour l'environnement !

Mme Vert : Monsieur, vous n'avez aucun respect pour notre planète !

M. Le Gaspillage : Oui, c'est vrai. Sauf que je ne prends que les transports en commun, je ne prends jamais la voiture pour les trajets courts.

Mme Vert : Oh bravo, monsieur ! Ce n'est pas beaucoup, mais c'est mieux que rien !

Learning

Learning in other subjects

Exercise 2 – page 46

1. *Personnellement, je préfère les matières logiques comme les sciences et les maths.*
2. *A mon avis, en anglais, il y a beaucoup de devoirs. Il y a un peu trop de devoirs en fait.*
3. *Je trouve que les matières scientifiques sont ennuyeuses et trop compliquées.*
4. *La musique m'intéresse plus que la géographie. En général, je préfères les matières créatives.*
5. *Il faut dire que je suis faible en histoire.*

Preparing for exams

Exercise 1 – page 49

Sara : *Tu as des examens bientôt, Jean ?*

Jean : *Oui, c'est l'horreur, j'ai beaucoup de révisions à faire !*

Sara : *Tu as des examens en quelles matières ?*

Jean : *J'ai des examens en EPS, anglais, chimie, maths et histoire.*

Sara : *Et un examen en français aussi ?*

Jean : *Oui, j'ai oublié ! Un examen en français aussi ! Ça fait six matières au total ! C'est trop !*

Sara : *Et comment est-ce que tu révises ?*

Jean : *D'abord, j'établis des horaires de révisions et puis j'essaie de m'y atteler.*

Sara : *Tu fais combien d'heures par jour ?*

Jean : *En générale, je fais environ dix heures par jour. Je fais quatre heures le matin, trois heures l'après-midi et trois heures le soir.*

Sara : *C'est beaucoup ! Tu n'es pas fatigué ?*

Jean : *Si, et c'est ennuyeux mais je voudrais réussir mes examens et avoir de bonnes notes, donc il faut que je travaille beaucoup.*

Sara : *Tu préfères travailler le matin ou le soir ?*

Jean : *Je préfère travailler le matin mais à mon avis, les deux sont pénibles !*

Sara : *Est-ce-que tu écoutes de la musique pendant que tu travailles ?*

Jean : *J'écoute toujours de la musique quand je travaille. La musique me détend et les révisions sont plus amusantes lorsqu'on en écoute !*

Sara : *C'est vrai ! OK, je te laisse travailler ! Bonne chance, Jean, bon courage !*

Jean : *Merci, Sara ! C'est gentil.*

Learner responsibilities

Exercise 3 – page 53

Lucas : *Est-ce que je suis une bon élève ? Je ne sais pas, mais je fais toujours mes devoirs et j'écoute toujours le prof en classe. Je me déconcentre un peu mais en général, je suis sage et je travaille bien.*

Alain : *J'ai beaucoup de respect pour les professeurs parce qu'ils travaillent dur pour que les cours soient intéressants et agréables. Je m'entends bien avec les profs et, par conséquent, je travaille bien et j'essaie d'être bien organisé.*

Jennie : L'école ne m'intéresse pas du tout, c'est donc un défi pour moi de bien me comporter tout le temps. J'ai l'habitude d'oublier mes devoirs et de parler en classe. Je ne suis pas bien organisée en général donc je perds souvent mon cahier. Je n'y peux rien !

Employability

Exercice 2 – page 55

Angela : Je travaille dans un supermarché trois jours par semaine. Je travaille le samedi, le dimanche et le lundi après l'école. Je commence le week-end à huit heures et je finis à dix-sept heures. C'est une longue journée, mais je travaille surtout avec les clients donc je m'amuse en leur parlant pour faire passer le temps. Je gagne 5 euros de l'heure. C'est assez bien payé à mon avis. Est-ce que j'aime mon petit boulot ? Oui, ce n'est pas mal et j'aime rencontrer des gens.

Guilhem : J'ai la malchance d'avoir un petit boulot dans un magasin et je déteste ça. Je dois travailler cinq jours par semaine (du lundi au vendredi) entre dix-huit heures et vingt-deux heures. Ça ne me laisse pas beaucoup de temps pour faire mes devoirs, ce qui me pose des problèmes pour l'école. J'ai des tâches pénibles à faire tel que le nettoyage. Pourtant, c'est très bien payé : je gagne 7 euros 50 de l'heure. En gros, je dirais que je déteste mon petit boulot mais j'aime l'argent donc je continue de le faire.

Work and CVs

Exercice 3 – page 59

Professeur : Alors Caty, qu'est-ce que tu vas faire comme stage ?

Elève : Je vais travailler chez un médecin.

Professeur : Ah, c'est beaucoup de responsabilité ! Où est-ce que tu vas travailler ?

Elève : Oui, mais je suis une personne très responsable quand même ! Je vais travailler au centre-ville.

Professeur : Ah bon, c'est très bien ! Et qu'est-ce que tu vas faire au travail ?

Elève : Je vais classer les dossiers des patients.

Professeur : Tu vas commencer à quelle heure ?

Elève : Je vais commencer à huit heures et quart. C'est un peu trop tôt pour moi !

Professeur : Comment est-ce que tu vas aller au travail ?

Elève : En fait, le cabinet médical n'est pas trop loin de chez moi donc je vais y aller à pied.

Professeur : Qu'est-ce que tu vas porter au travail ?

Elève : A mon avis, il est important d'être bien habillé, donc je vais porter une jupe et un chemisier.

Professeur : Alors je te souhaite bon courage et bonne chance !

Elève : Merci, monsieur !

Culture

Aspects of other countries

Exercise 2 – page 73

1. Il y a environ 26000 boulangeries en France et on estime que 98% des Français mangent du pain tous les jours !
2. Il y a plus de 5000 restaurants à Paris.
3. Les Français mangent l'équivalent de 25 kg de fromage par personne et par an.
4. Il y a plus de 300 sortes de fromages différents en France.

Exercise 4 – page 73

Les grands événements de l'histoire de France ? Oh, voyons, il y en a beaucoup !

La Révolution française a commencé en 1789 et s'est terminée en 1799.

Le roi de France, Louis XVI et sa femme, Marie-Antoinette, ont été exécutés pendant la Révolution. Louis XVI d'abord, le 21 juin 1793, et puis Marie-Antoinette, neuf mois plus tard, le 16 octobre 1793.

Les guerres napoléoniennes sont une série de batailles et de guerres qui ont eu lieu entre la France et la Grande-Bretagne entre 1799 et 1815. La dernière bataille est celle de Waterloo qui a eu lieu le dimanche 18 juin 1815 à Waterloo en Belgique.

La Première Guerre mondiale, entre 1914 et 1918, puis la Seconde Guerre mondiale, entre 1939 et 1945, ont été toutes les deux très difficiles pour la France parce qu'une grande partie des combats se sont déroulés en France.

Literature of France

Exercise 4 – page 80

J'adore lire et j'essaie de lire au moins un roman par mois. J'aime bien les romans classiques et les histoires de science-fiction comme 'Vingt mille lieues sous les mers de l'écrivain Jules Verne. J'aime aussi son livre célèbre, 'Le Tour du monde en quatre-vingts jours'. C'est un livre qui a eu beaucoup d'influence sur moi, il m'a donné envie de voyager et de prendre une année sabbatique ! Sinon, je suis également fan de romans d'aventures et historiques comme Les Trois Mousquetaires et Le Comte de Monte-Cristo. Je trouve que les intrigues de ces romans sont très bien construites et les deux romans tiennent le lecteur en haleine !

Il y a bien sûr, des livres français classiques pour les jeunes comme 'Le Petit Nicolas' ou 'Le Petit Prince'. Parmi les deux, j'ai toujours préféré 'Le Petit Nicolas' parce que je pouvais m'identifier au personnage principal, Nicolas, et parce que les histoires racontées dans ce livre m'ont toujours fait rire.

Television

Exercise 2 – page 85

Jean : Je suis accro à la télé et j'adore tous les genres d'émissions mais je pense que je préfère les émissions de sport et les séries américaines. Je sais que je regarde trop la télé et comme j'ai une télé dans ma chambre, je la regarde jusqu'à ce que je m'endorme ! Je trouve qu'en général, la télé française est très bien faite mais il y a un peu trop d'informations et de politique. C'est un peu trop sérieux. On regarde la télé pour se détendre, pas pour regarder des choses graves quand même.

Béa : Quand je la regarde, je regarde des comédies et des fois, des émissions de variétés comme Danse avec les Stars. Je regarde très peu la télé. Je préfère être en plein air plutôt que de rester enfermé chez soi, cloué devant la télé. Je ne supporte pas les gens qui regardent la télé et qui ne font que ça ! Si tu me demandes ce que j'en pense, je te dirais que ça les rend paresseux !

Paul : J'aime regarder la télé et je préfère les séries policières et les thrillers. Généralement, je regarde la télé le soir, une fois que j'ai fini mes devoirs. C'est bien pour se vider la tête et ça me fait du bien de penser à autre chose. La vie, c'est stressant et la télé me détend !

Preparing for assessment

Preparing for listening

Exercise 1 – page 103

Bonjour, je m'appelle Caroline et j'ai quinze ans. Je suis française et j'habite dans le sud-ouest de la France, près de Toulouse. Il y a deux ans, au mois de juillet, j'ai rendu visite à ma correspondante, Fiona, en Ecosse.

Avant de voyager en Ecosse, j'avais très peur parce que je ne parlais pas très bien l'anglais et j'ai entendu dire que l'accent écossais était difficile à comprendre et que les gens parlaient très rapidement ! Pourtant, quand je suis arrivée, Fiona m'a aidée et j'ai appris beaucoup d'anglais !

L'Ecosse est un pays très beau et pittoresque ; j'ai surtout adoré les paysages. De plus, les gens étaient tous très sympas.

Il y avait, bien sûr, des difficultés de temps en temps, mais le plus difficile pour moi c'était le temps qu'il faisait là-bas. Il pleuvait tous les jours et il faisait froid ! Je ne pourrais pas y habiter ! Je suis habituée au beau temps en France !

Avant de visiter l'Ecosse, je croyais que tous les hommes portaient des kilts et que tout le monde mangeait du haggis ! En fait, ce n'est pas vrai !

Maintenant que je suis de retour en France, il y a certaines choses écossaises qui me manque. Ma correspondante et sa famille bien sûr, parce qu'ils étaient vraiment gentils ; et deuxièmement, les monuments historiques et l'architecture qui m'ont beaucoup impressionnés pendant mon séjour en Ecosse.

Exercise 4 – page 104

Interviewer : Bonjour, Moran, ça va ?

Moran : Oui, ça va très bien, merci. Merci de m'avoir invité à venir vous parler aujourd'hui.

Interviewer : Alors on discute de passe-temps. Qu'est-ce que vous aimez faire pendant votre temps libre, Moran ?

Moran : J'aime les passe-temps créatifs. Par exemple, je joue de la guitare classique et j'apprends à jouer de la trompette. J'aime aussi le dessin, je trouve que ça me détend.

Interviewer : Et vous aimez faire du sport ?

Moran : Oui, j'adore ça. Je suis quelqu'un de sportif : je fais du sport au moins une fois par jour.

Interviewer : Vous pratiquez quels sports exactement ?

Moran : Je joue au foot dans notre équipe au lycée et j'aime faire du footing aussi. Ça me maintient en forme pour les grands matchs ! J'ai acheté un VTT récemment, donc c'est ma nouvelle passion !

Interviewer : Ça coûte cher ! Vous avez un petit boulot ?

Moran : Oui, je livre des journaux le matin avant l'école.

Interviewer : Waouh, vous avez une vie très active ! Et qu'est-ce que vous faites le week-end ?

Moran : Le samedi, j'essaie de me reposer un peu et de passer du temps avec mes amis et ma petite-amie. Nous allons souvent au cinéma le samedi soir. Je suis fan des films d'horreur ! Il y a un très bon cinéma près de chez moi.

Interviewer : Et le dimanche ? Qu'est-ce que vous faites le dimanche ?

Moran : Le dimanche, je prends un bon petit-déjeuner avec ma famille et puis je révise mes cours. J'ai des examens bientôt, alors je dois travailler pour réussir.

Interviewer : *C'est très sage. Qu'est-ce que vous voulez faire après le lycée ?*

Moran : *Je voudrais aller à la fac pour étudier le droit et le chinois. J'espère passer un an en Chine pour apprendre la langue.*

Interviewer : *Je vous souhaite beaucoup de chance alors et bon courage !*

Moran : *Merci, au revoir !*

Exercise 8 – page 110
1. 04 76 23 47 89
2. 03 21 12 15 67
3. 01 34 56 87 22
4. 02 25 49 13 06
5. 06 98 17 36 28
6. 05 59 65 15 91
7. 06 10 01 18 99
8. 01 02 32 14 44
9. 09 45 04 69 77

Answers
Society
Family
Exercise 1 – page 10
1. I don't get on with my family.
2. I do what I like at home.
3. My mum criticises me all the time.
4. My dad treats me like a child.
5. I like to spend time with my parents.
6. My parents don't give me a lot of freedom.
7. I don't have the right to go out at night.

Exercise 2 – page 11
1. Antarctica/on a glacier/by the sea.
2. It's very cold/sometimes the temperature is minus 60 degrees.
3. She spent her childhood with her dad/her mother was absent because she was away fishing.
4. She's an only child/she would like a younger brother.
5. They teach her how to protect herself against predators/they give her a lot of freedom/they have small arguments from time to time/(in general) gets on very well with her parents.
6. 3

Friends
Exercise 1 – page 12
1. We get along well.
2. We can talk about everything.
3. I can confide in that person.
4. He/She has a good sense of humour.
5. He/She criticises me all the time.
6. We often talk on the phone.
7. We go out in the evening.
8. We text each other.
9. We have things in common.
10. We argue.

Exercise 2 – page 13

Un bon ami	Un mauvais ami
C'est quelqu'un qui a une bonne influence sur moi.	*On se dispute souvent.*
Je peux me confier à cette personne.	*Il me critique beaucoup.*
On ne se dispute jamais.	*On ne peut pas parler de tout.*
C'est une personne qui est très fidèle.	*On ne s'entend pas bien.*
On rigole ensemble.	*C'est une personne qui n'a pas une bonne influence sur moi.*
	On n'a rien en commun.
	Elle ne me comprend pas

Exercise 3 – page 13

Friend	Sadiq's opinion	Adèle's opinion
Christophe	Never argue	Criticises me all the time
Sophie	Have a laugh together	She's a good influence
André	Good sense of humour	Funny/talk a lot on the phone/ send a lot of text messages
Max	Talk about everything/loyal/can talk to him about everything	A lot in common/same tastes

Exercise 4 – page 13

1. Any three of: They understand her/they have a laugh together/they have in-jokes/they support each other (if they have problems at school or in their personal lives).
2. They spend most of their time at school and they always try to have lunch together.
3. Her best friend lives in a house near her own.
4. Go and watch a film at the cinema/get a coffee somewhere/do homework at her house.
5. 1

Describing family and friends

Exercise 3 – page 16

1. *suis*
2. *sommes*
3. *est*
4. *est*
5. *sont*
6. *est*
7. *est*
8. *est*
9. *sommes*

Lifestyles 1: healthy and unhealthy eating

Exercise 1 – page 17

1. I do/do not have a balanced diet.
2. I do/do not eat breakfast
3. I have lunch with my friends in the canteen/at a fast-food restaurant.
4. I drink ___ glasses of water a day/ I do not drink water.
5. I like/do not like fatty and sweet food

Exercise 2 – page 18

	Joey Dangereux	Sophie Bienvivre
Food	Always eats what he wants/never eats fruit or vegetables/eats a lot of fast-food like hamburgers, pizza and chips covered in mayonnaise	Follows a strict diet/eats lots of fruit and vegetables/she loves salad/avoids fatty and overly salty food/has a sweet or a cake from time to time
Alcohol	Drinks a lot of alcohol	Drinks very rarely/just a glass of champagne from time to time (with her family at Christmas for example)
Smoking Opinion	Smokes at least 20 cigarettes a day He's a rock star so health isn't important	Never smokes/she can't stand it She thinks her lifestyle is a bit boring and life is better with a bit of cake from time to time

Sport and exercise

Exercise 1 – page 19

Sport	Number of people
1. Water sports like sailing	23
2. Skiing	36
3. Snowboarding	15
4. Football	45
5. Horse-riding	7
6. Biking/mountain-biking	48
7. Golf	10
8. Hill-walking	67

Exercise 2 – page 20

1. Daniel
2. Caroline
3. Sandrine
4. Hector
5. Sandrine

Exercise 3 – page 21

1. *Nous faisons de la voile.*
2. *Tu fais de l'équitation.*
3. *Elles font du VTT.*
4. *Ils font de la randonnée.*
5. *Elle fait de la natation.*

Unhealthy lifestyles

Exercise 1 – page 22

1. *Il ne faut pas prendre de la drogue.*
2. *Il ne faut pas fumer de cigarettes.*
3. *Il faut être en bonne santé.*
4. *Il ne faut pas manger beaucoup de gâteaux ni de bonbons.*
5. *Il ne faut pas boire trop d'alcool.*

Exercise 2 – page 23

1. He likes to feel good and it's better for your mental health in general
2. Eat healthily/don't drink too much alcohol/find sports you like to do and do them regularly/walk instead of taking the car or the bus/avoid smoking/eat lots of fruit and vegetables everyday/don't eat too many sweets

Exercise 3 – page 23

1. *Il est essentiel de se maintenir en forme*
2. *C'est bon pour la santé mentale*
3. *Si j'avais des conseils à vous donner*
4. *Les pratiquer régulièrement*
5. *Éviter de fumer*
6. *Les Français ont la réputation de fumer beaucoup*

New technologies

Exercise 2 – page 27

1. A wool jumper/a bottle of perfume/a voucher for her favourite shop
2. a. A touch-screen computer
   b. She can't make video calls/she can't access the Internet
3. He thinks it's expensive/people spend too much time on the Internet
4. It improves our lives/she can find all the information she wants/chat with friends/speak to family abroad/organise holidays/shop online
5. A new tablet
6. The latest model
7. She is only allowed to use it for a maximum of 2 hours a night

Global languages

Exercise 1 – page 28

Surname:

First name:

Mother tongue(s):

Language skills:

Language	Learning for...	Fluently	Intermediate	Beginner
e.g. Russian	e.g. 2 years			

Favourite language:

I would like to learn...

Exercise 2 – page 29

Name	Where they live	Languages spoken	Opinion of languages
Annas	*Fes, in Morocco (in the north-west of Africa on the Mediterranean coast)*	*Arabic/French/Berber/Spanish*	It's an honour to speak several languages/helps them to succeed in life.
Ryuchi	*Nagasaki, a city in the south of Japan*	*Japanese/English/German*	Essential to speak at least two foreign languages/will help him to get a job in car manufacturing/shows he is intelligent and hard-working.
Steffie	*Berlin in Germany*	*German/English/learning Russian/a little French*	It helps us to better understand foreign people and the world.

The importance of language learning
Exercise 2 – page 31
1. *une langue étrangère*
2. *gagnent plus que*
3. *les plus utiles*
4. *un pays multilingue*
5. *les compétences linguistiques*
6. *connaissances culturelles*
7. *besoin de*
8. *les marchés étrangers*
9. *une barrière*
10. *comprendre les différences culturelles*
11. *des pays qui ne parlent pas l'anglais*
12. *L'économie britannique*
13. *la population mondiale*
14. *ne parle pas du tout anglais*
15. *seulement*
16. *d'Internet*

Town and country
Exercise 3 – page 34
1. *La ville est plus polluée que la campagne.*
2. *La campagne est plus calme que la ville.*
3. *La ville est plus peuplée que la campagne.*
4. *La campagne est plus jolie que la ville.*
5. *La ville est moins bruyante que la campagne.*
6. *La campagne est plus tranquille que la ville.*

The environment
Exercise 1 – page 35
1. *Il faut économiser l'énergie.*
2. *Il ne faut pas gaspiller l'eau.*
3. *Il faut recycler les déchets.*
4. *Il faut économiser le papier.*
5. *Il faut éteindre les lumières.*

Exercise 2 – page 36
1. *Je n'éteins pas les lumières.*
2. *Il ne gaspille que de l'énergie.*
3. *Nous ne prenons jamais les transports en commun.*
4. *Je n'achète plus de produits bios.*
5. *Elle ne recycle rien.*

Exercise 3 – page 37
1. Recycling bins.
2. He recycles nothing.
3. He saves energy by doing nothing/he never switches off the lights.
4. Only organic.
5. Non-recyclable/non-organic products/products which are bad for the environment.
6. He never uses his car for short journeys.

Focus on grammar: the present tense

Exercise 1 – page 39

ER	RE	IR
regarder	entendre	maigrir
travailler	vendre	réussir
trouver	perdre	grossir
rentrer		réfléchir
acheter		
donner		
oublier		
habiter		
chercher		
bavarder		
aimer		

Exercise 2 – page 39

1. *Je grossis*
2. *Il bavarde*
3. *Ils regardent*
4. *Ma mère n'achète*
5. *Ma famille et moi habitons*

Exercise 3 – page 40

1. *J'ai*
2. *nous sommes*
3. *Ma soeur est*
4. *mes frères sont*
5. *Je vais*
6. *nous faisons*
7. *Je fais*
8. *nous avons*
9. *Mes grand-parents sont*
10. *ils sont*
11. *J'ai*
12. *sont*

Exercise 5 – page 42

s'amuser (to enjoy oneself), *se raser* (to shave), *se réveiller* (to wake up), *s'asseoir* (to sit down), *se baigner* (to bathe), *se souvenir* (to remember), *se fâcher* (to get angry), *se maquiller* (to put on make-up)

Exercise 6 – page 42

1. *se/s'*
2. *se*
3. *se*
4. *m'/me*
5. *nous*
6. *vous*
7. *te*
8. *m'*
9. *se*
10. *vous*

Learning and employability
Talking about modern languages
Exercise 1 – page 43
1. *Je préfère travailler en groupe.* (I prefer to work in a group.)
2. *J'aime les activités de coopération.* (I like cooperative activities.)
3. *Je me sens sûr de moi quand je parle en français.* (I feel sure of myself when I speak French.)
4. *Je suis fort à l'écoute.* (I'm good at listening.)
5. *J'aime jouer pour apprendre.* (I like playing games to learn.)

Exercise 2 – page 44

Colour	Advice
Blue	use diagrams and graphs/have pictures beside your vocabulary/create vocabulary cards/read a lot
Pink	listen to a lot of French (on the radio)/watch lots of video clips (on YouTube for example)/most of all, read and listen at the same time
Green	do something while you learn/interactive online games will help you a lot/take notes whilst you read or listen/repeat the vocabulary aloud and if possible add actions

Learning in other subjects
Exercise 3 – page 47
1. He is talented in art. (1)
2. His dad thinks he doesn't spend enough time studying maths. (1)
3. Practical subjects don't interest him/they give his brain a rest (2)
4. He has no desire to do homework/he doesn't have any choice/he knows it's important if he is to succeed (3)
5. He is quite bad at history/has to do a lot of homework to be able to get good marks (2)
6. It's important to have choice but there are some subjects you just have to do. (1)

Preparing for exams
Exercise 1 – page 49
1. *beaucoup de révisions*
2. *EPS, anglais, chimie, maths et histoire*
3. *j'établis des horaires de révisions*
4. *10 heures par jour*
5. *quatre heures le matin*
6. *trois heures l'après-midi*
7. *trois heures le soir*
8. *c'est ennuyeux*
9. *je voudrais réussir mes examens*
10. *avoir de bonnes notes*
11. *je travaille beaucoup*
12. *Je préfère travailler le matin*
13. *J'écoute toujours de la musique*
14. *La musique me détend*

Exercise 2 – page 49
1. *Pour préparer mes examens, je lis mes notes et je consulte des annales.*
2. *Je préfère travailler tout(e) seul(e).*
3. *J'étudie avec mes amis chez moi.*
4. *Je ne regarde jamais la télé quand j'étudie.*
5. *Je préfère étudier le soir.*

Education
Exercise 2 – page 50

Quels sont les jours d'école ?	*Il y a des cours du lundi au vendredi.*
Quels jours sont libres ?	*Le week-end et le mercredi après-midi sont libres.*
La journée scolaire commence à quelle heure ?	*La journée scolaire commence à huit heures et demie.*
La journée scolaire finit à quelle heure ?	*La journée scolaire finit à seize heures trente.*
C'est quand la récréation ?	*Il y a une récréation le matin à onze heure moins le quart.*
Ça dure combien de temps ?	*Ça dure quinze minutes.*
Il y une pause déjeuner ?	*Il y a une pause déjeuner entre midi et deux heures.*
Tu manges où normalement ?	*Normalement, je mange à la cantine avec mes amis.*
Combien as-tu de cours le matin ?	*Il y a quatre cours le matin.*
Combien as-tu de cours l'après-midi ?	*Il y a deux cours l'après-midi.*
Les grandes vacances durent combien de temps ?	*Les grandes vacances durent deux mois.*

Exercise 3 – page 51

1. *En France, on commence le lycée à partir de l'âge de quinze ans.*
2. *Entre l'âge de 11 et 15 ans, on va au collège.*
3. *On passe un examen qui s'appelle le brevet à la fin du collège.*
4. *La dernière année de lycée s'appelle la Terminale.*
5. *Avant de terminer ses études, il faut réussir un examen qui s'appelle le bac.*

Learner responsibilities
Exercise 2 – page 53

1. *devons*
2. *dois*
3. *doivent*
4. *doit*
5. *devons*

Exercise 3 – page 53

		Bon élève ?	*Mauvais élève ?*	*Pourquoi ?*
1.	**Lucas**	X		Always does his homework.
				He is usually well behaved and he works well.
2.	**Alain**	X		He has a lot of respect for the teachers.
				He gets on well with the teachers.
				He works well.
				He tries to be well-organised in order to do his work correctly.
3.	**Jennie**		X	School doesn't interest her at all.
				She finds it is a challenge to behave all the time.
				She's in the habit of forgetting her homework and of talking in class.
				She's not well-organised and she often loses her jotter.

Employability

Exercise 1 – page 54

1. *Je travaille le week-end*
2. *pendant la journée*
3. *Je n'ai pas le choix*
4. *Je m'occupe des clients*
5. *Je gagne des pourboires*
6. *J'évite d'aller*
7. *Il me fait un peu peur*

Exercise 2 – page 55

	1. Angela	**2. Guilhem**
Job	Works in a supermarket	Works in a shop
Days of work	Three days a week (Saturday, Sunday and Monday after school)	Five days a week (Monday to Friday)
Start time	8.00	18.00
Finish time	17.00	22.00
Duties	Works with customers	Cleaning
Pay	5 Euros per hour	7 Euros 50 per hour
Opinion	Quite well paid The job isn't bad Likes meeting new people	It's very well-paid He hates the job but he likes the money

Exercise 3 – page 55

1. d	3. b	5. e	7. c	9. j
2. f	4. h	6. a	8. g	10. i

Exercise 4 – page 55

J'ai un petit boulot dans une boulangerie. Je travaille le week-end et le mardi après l'école. Je travaille entre neuf heures du matin et cinq heures du soir. Il y toujours trop de travail à faire et je suis souvent très fatigué à la fin de la journée. D'habitude, je sers les clients et je fais du nettoyage. C'est monotone mais c'est une bonne expérience. Je gagne environ cinq euros de l'heure. A mon avis, je ne gagne pas assez.

Future plans

Exercise 3 – page 57

1. *je passerai*
2. *je serai*
3. *je quitterai*
4. *je n'irai*
5. *je prendrai*
6. *Nous ferons*
7. *Nous enseignerons*
8. *Nous aiderons*
9. *j'y serai*
10. *j'apprendrai*
11. *ça m'aidera*
12. *nous voyagerons*
13. *nous visterons*
14. *J'aurai*
15. *j'irai*
16. *j'étudierai*
17. *je louerai*
18. *je serai*
19. *je trouverai*
20. *je vivrai*
21. *J'habiterai*
22. *Je gagnerai*
23. *J'achèterai*
24. *Je prendrai*
25. *sera*

Work and CVs

Exercise 1 – page 58

1. I'm going to file documents.
2. I'm going to get up at 8 o'clock in the morning.
3. We are going to answer the telephone.
4. You are going to work with customers.
5. They are going to learn a lot.

Exercise 2 – page 59

1. *Je vais travailler dans un café/dans un supermarché/dans un institut de beauté/dans un salon de coiffure.*
2. *Je vais me lever à huit heures et demie/à sept heures.*
3. *Je vais aller au travail en bus/en voiture/à pied/à vélo.*
4. *Je vais parler aux clients/répondre au téléphone.*

Exercise 3 – page 59

- *Alors Caty, qu'est-ce que tu vas faire comme stage ?* (So Caty, what work experience are you going to do)
- *Je vais travailler chez un médecin.* (I'm going to work at the doctor's)
- *Ah, c'est beaucoup de responsabilité ! Où est-ce que tu vas travailler ?* (It's a lot of responsibility! Where are you going to work)
- *Oui, mais je suis une personne très responsable quand même ! Je vais travailler au centre-ville* (Yes, but I'm a very responsible person you know! I'm going to work in the town centre.)
- *Ah bon, c'est très bien ! Et qu'est-ce que tu vas faire au travail ?* (Ah OK, that's very good! And what are you going to do at work?)
- *Je vais classer les dossiers des patients.* (I'm going to organise the patient files)
- *Tu vas commencer à quelle heure ?* (What time are you going to start?)
- *Je vais commencer à huit heures et quart. C'est un peu trop tôt pour moi !* (I'm going to start at quarter past eight. It's a bit too early for me!)
- *Comment est-ce que tu vas aller au travail ?* (How will you go to work?)
- *En fait, le cabinet médical n'est pas trop loin de chez moi, donc je vais y aller à pied.* (In fact, the doctor's surgery isn't too far from my house so I'm going to walk.)
- *Qu'est-ce que tu vas porter au travail ?* (What are you going to wear to work?)
- *A mon avis, il est important d'être bien habillé, donc je vais porter une jupe et un chemisier.* (In my opinon, it's important to be well-dressed so I'm going to wear a skirt and a blouse.)
- *Alors je te souhaite bon courage et bonne chance !* (So, I wish you well and good luck!)
- *Merci, monsieur !* (Thanks, Sir!)

Reviewing your work experience

Exercise 1 – page 60

1. h	3. f	5. a	7. e	9. g
2. d	4. j	6. b	8. c	10. i

Exercise 2 – page 61

1. *J'ai travaillé dans un office de tourisme.*
2. *J'ai fini à cinq heures moins le quart.*
3. *J'ai ouvert les lettres des clients.*
4. *J'ai joué aux cartes avec les patients.*
5. *J'ai porté une tenue de sport.*
6. *Je suis allé(e) au travail en voiture.*
7. *Je suis arrivé(e) toujours à l'heure.*
8. *J'ai déjeuné au café avec mes amis pendant la pause de midi.*
9. *J'ai dû ranger les rayons.*
10. *J'ai gagné environ cinq euros cinquante de l'heure.*

Reviewing successes

Exercise 1 – page 62

Bon candidat	Mauvais candidat
je suis toujours à l'heure (I'm always on time)	je suis toujours en retard (I'm always late)
je suis une personne très responsable (I'm a responsible person)	j'ai un mauvais relationnel (I have bad relationships with people)
je suis travailleur/euse (I'm hardworking)	je suis paresseux/euse (I'm lazy)
j'ai un bon relationnel (I get on well with people)	je suis irresponsable (I'm irresponsible)

Exercise 2 – page 62

Nom	Fernandez
Prénom	Zuri
Adresse	7 rue de la grande plage, 64200 BIARRITZ, France
Date de naissance	13 juin 2000
Lieu de naissance	Biarritz, France
Nationalité(s)	espagnole, française
Matières étudiées à l'école	français, géographie, maths, anglais, musique
Expériences professionelles	stage en tant que réceptionniste dans un hôtel à Biarritz.
Compétences linguistiques	espagnol, français, anglais, chinois
Qualités personnelles	Responsable, fiable, raisonnable, chaleureuse et très sociable
Centres d'intérêt	Sports nautiques et danse

Focus on grammar: the future tense and the conditional tense

Exercise 1 – page 64

1. Je travaillerai
2. Tu dormiras
3. Il voyagera
4. Elle mangera
5. Nous apprendrons
6. Tu écriras
7. Elles apprendront
8. Ils ouvriront

Exercise 3 – page 66

Future	Conditional
je quitterai	je voudrais
J'irai	j'aimerais
je n'aurai pas	je pourrais
je louerai	je préférerais
des amis qui iront	ça serait
nous serons	
n'aurons pas	
il nous faudra	

Culture

Your best holiday

Exercise 1 – page 71

1. *Je suis allé(e)*
2. *Je mangeais*
3. *était*
4. *Il faisait*
5. *J'ai rendu*

Exercise 2 – page 71

Perfect tense	Imperfect tense
Je suis allé	Il y faisait
Nous sommes allés	Il ronflait
j'y ai beaucoup aimé	je n'arrivais pas
J'ai logé	C'était
j'ai partagé	c'était
nous avons fait	
je suis allé	
j'ai dansé	

Aspects of other countries

Exercise 1 – page 72

Number	What does it mean?
65 million	Population of France.
2 million	Population of Paris.
1536	Year since French has been the official language.
2002	Year since the Euro has been the currency of France.
5	Outre-Mer regions of France : French Guiana, Martinique, Guadeloupe, *Réunion* and *Mayotte*.
101	Departments of France.

Exercise 2 – page 73

1. *Il y a environ 26,000 boulangeries en France et on estime que 98% des Français mange du pain tous les jours !*
2. *Il y a plus de 5000 restaurants à Paris.*
3. *Les Français mangent l'équivalent de 25 kg de fromage par personne et par an.*
4. *Il y a plus de 300 sortes de fromages différents en France.*

Exercise 4 – page 73

1. 1789
2. 1799
3. *Le 21 janvier 1793*
4. *Le 16 octobre 1793*
5. 1799
6. 1815
7. *dimanche 18 juin 1815*
8. 1914
9. 1918
10. 1939
11. 1945

La francophonie

Exercise 1 – page 74

1. *La Belgique se trouve en Europe.*
2. *La Suisse se trouve en Europe.*
3. *La Tunisie se trouve en Afrique (du Nord).*
4. *La Grèce se trouve en Europe.*
5. *La Bulgarie se trouve en Europe.*
6. *La Roumanie se trouve en Europe.*
7. *La Côte d'Ivoire se trouve en Afrique.*
8. *Le Laos se trouve en Asie.*
9. *Le Canada se trouve en Amérique du Nord.*
10. *Le Vietnam se trouve en Asie.*
11. *Le Maroc se trouve en Afrique (du Nord).*
12. *Le Luxembourg se trouve en Europe*
13. *Madagascar se trouve en Afrique.*
14. *Le Cambodge se trouve en Asie.*

Exercise 2 – page 74

1. *Democratic Republic of the Congo*
2. *Switzerland*
3. *Democratic Republic of the Congo*
4. *Switzerland*
5. *Morocco*
6. *Morocco and Switzerland*

Celebrating a special event

Exercise 1 – page 76

La date	La fête	Les traditions
Le 1er janvier	Le Jour de l'An.	4
Le 6 janvier	L'Epiphanie	5
février	la Chandeleur	9
	La Saint-Valentin	7
avril	Le 1er avril – Poisson d'avril	13
le 1er mai	La Fête du Travail	6
le 8 mai	L'Armistice	11
juin	La Fête de la musique	14
juillet le 14 juilliet	La fête nationale	2
novembre	La Toussaint	10
novembre	Le 11 novembre	8
le 24 décembre	La veille de Noël	1
le 25 décembre	Le jour de Noël	3
le 31 janvier	Le réveillon du Nouvel An	12

Exercise 2 – page 77

1. *m'amuse*
2. *nous amusons*
3. *t'amuses*
4. *s'amuse*
5. *s'amusent*

Literature of France

Exercise 3 – page 79

Titre	Traduction	Auteur	Genre
1. *Le Tour du monde en Quatre-vingts jours*	Around the World in 80 days	Jules Verne	Aventures
2. *Les Trois Mousquetaires*	The Three Musketeers	Alexandre Dumas	Roman historique
3. *Le Comte de Monte-Cristo*	The Count of Monte Cristo	Alexandre Dumas	Aventures
4. *Vingt mille lieues sous les mers*	20,000 Leagues Under the Sea	Jules Verne	Science-fiction
5. *Le Petit Nicolas*	Little Nicolas	René Goscinny	Livre pour enfants
6. *Le Petit prince*	The Little Prince	Antoine de Saint-Exupéry	Livre pour enfants

La francophonie

Exercise 4 – page 80

1. At least one book a month.
2. He likes classic novels and science fiction stories.
3. It inspired him to take a gap year.
4. He also likes adventure and historical stories.
5. The storylines are well-constructed and they keep him gripped.
6. He prefers *Le Petit Nicolas* because he can relate to the main character and the scenes make him laugh.

Exercise 5 – page 80

1. A well-known author in France called Daniel Pennac.
2. His writing style is very easy to read; his storylines are always well constructed.
3. Friendship between an African child and a wolf he meets at the zoo.
4. The idea for the book was really original; he couldn't put it down.
5. 3

Film

Exercise 1 – page 82

Titre du film	Réalisateur	Genre	Tu l'as vu ?
Une vie de chat	Jean-Loup Felicioli, Alain Gagnol	Dessin animé	Je l'ai vu
Le Petit Nicolas	Laurent Tirard	Comédie	
Au revoir les enfants	Louis Malle	Drame	
Les Choristes	Christophe Barratier	Comédie	

Exercise 3 – page 83

1. se déroulait
2. était
3. chantaient
4. avait
5. retrouvait

Exercise 4 – page 83

1. I found this film too long and the story was difficult to follow.
2. I had trouble reading the subtitles.
3. I liked the main character and I identfied with his/her dilemna.
4. The plot was well written with lots of twists and turns!
5. I was disappointed by the end of the film.
6. I felt a bit upset by this film.
7. I laughed non-stop when I watched this film.

Television

Exercise 1 – page 85

Emission	Genre	Opinion?
E.g. Les Revenants	thriller psychologique	J'aime ce type d'émission.
The Voice	variétés	
Plus belle la vie	feuilleton	
Des chiffres et des lettres	jeu télévisé	
Qui veut gagner des millions ?	jeu télévisé	
Dora l'exploratrice	dessin animé	
La Planète bleue	émission sur la nature	
Téléfoot	émission de sport	
le journal de 13 heures	informations	
Danse avec les stars	variétés	

Exercise 2 – page 85

		Type(s) of programme	Opinion (When they watch TV/how often/where)	Opinion of TV
1.	Jean	Sport programmes/American series	Watches too much TV/In his bedroom	Well-made but too many news programmes and politics/French TV is a bit too serious/He watches it to relax
2.	Béa	Comedies/reality TV	Watches very little/prefers to be outside in the fresh air	TV makes you lazy
3.	Paul	Police series/psychological thrillers	In the evening/once he has finished his homework	It's good for emptying your head and to make you think of other things/TV relaxes him

Exercise 4 – page 86

1. Boxsets of American series/in bed, in her bedroom (on her laptop)
2. She can't stop once she starts/it's addictive
3. They watch an average of 34½ hours per week
4. A bit can be relaxing/can be educational/needs to be in moderation
5. 2

Focus on grammar: the perfect tense and the imperfect tense

Exercise 1 – page 87

Sentence	Perfect tense?	Explanation	Translation
Last night I went to the cinema to watch the French film, *Tais toi !*	Yes	Because it's a specific time, i.e. last night	*Hier soir je suis allé(e) au cinéma.*
I ate at the restaurant a couple of times.	Yes	Because it was a specific number of times.	*J'ai mangé au restaurant une ou deux fois.*
We went during the summer.	Yes	Because it mentions a specific time, i.e. in the summer	*Nous y sommes allé(e)s pendant l'été.*
My friends visited their cousins.	No	It is unclear how often.	*Mes amis rendaient visite à leurs cousins.*
I was living in Paris.	No	It was over an undefined period of time.	*J'habitais à Paris.*

Exercise 2 – page 88

avoir	ER verbs	RE verbs	IR verbs	Example	Translation
j'ai	mangé	rendu	maigri	J'ai maigri	I lost weight
tu as	parlé	vendu	choisi		
il/elle/on a	voyagé	attendu	fini		
nous avons	regardé	répondu	réfléchi		
vous avez	fêté	perdu	grossi		
ils/elles ont	visité	entendu	établi		

Exercise 3 – page 88

1. *Nous avons voyagé la semaine dernière.*
2. *J'ai maigri pendant les vacances.*
3. *Elles ont fait la fête pendant le week-end.*
4. *Il a répondu il y a trois jours.*
5. *Elle a visité le château il y a deux semaines.*
6. *Tu as mangé une pizza hier.*
7. *Elle a vendu la maison le matin.*
8. *Ils ont choisi le livre il y a un mois.*

Exercise 5 – page 89

être	To be		
je suis	I am	nous sommes	we are
tu es	you are	vous êtes	you are
il est	he is	ils sont	they are
elle est	she is	elles sont	they are
on est	one is/we are		

Exercise 8 – page 91

Pendant les grandes vacances, je suis allée en France avec ma famille. C'était vraiment super ! Nous sommes arrivés le lundi et nous sommes montés à la Tour Eiffel le jour même ! Quand je suis descendue de la tour, je suis tombée et j'ai cassé mon appareil photo malheureusement. Ma famille et moi sommes restés à Paris pendant une semaine mais ma soeur est partie la semaine suivante. Elle est retournée en Ecosse en train et nous sommes rentrés en avion. Quand j'ai quitté Paris, j'étais triste. J'y retournerai un de ces jours !

Exercise 11 – page 93

1. *étais*
2. *il y avait*
3. *organisait*
4. *allumait*
5. *C'était*
6. *était*
7. *mangeait*
8. *c'était*
9. *peignions*
10. *mangeais*
11. *était*
12. *assistais*
13. *aimais*
14. *passait*
15. *ouvrions*

Answers - Preparing for assessment

Preparing for writing

Exercise 2 – page 97

> *J'ai appris comment parler aux clients*
> *J'ai de l'expérience dans le domaine de l'enfance*
> *J'ai appris comment utiliser la caisse*
> *Je travaille bien en équipe*
> *Je m'exprime bien*
> *J'aime parler avec les clients*
> *Je suis toujours bien habillé(e)*

Exercise 3 – page 97

1. Related work experience
2. School/college/education experience until now
3. Skills/interests which have made you right for this job
4. Personal details (name, age, where you live)

Exercise 4 – page 98

1. g	3. j	5. a	7. d	9. c
2. i	4. f	6. b	8. e	10. h

Exercise 7 – page 98

1. *Je travaille dans un café le week-end.*
2. *J'ai de l'expérience dans le domaine de l'enfance.*
3. *J'aime parler le français.*
4. *Je voudrais travailler en France parce que je voudrais améliorer mon français.*
5. *Je suis allé(e) en Espagne il y a deux ans et c'était fantastique.*

Preparing for reading

Exercise 1 – page 100

Possible questions could include:	Answers
What give you impression of being on the moon? Mention any three things (four possible answers). (3)	Ancient glaciers (1), huge icebergs (1), active volcanoes (1), hot springs (1)
What do you have the chance to see in winter? (1)	The northern lights (1)
What happens during this spectacle?	The sky changes through all colours imaginable (red, green, blue, pink) (2)
What is one of the most memorable experiences you can have in Iceland?	Whale watching (1)

Exercise 2 – page 101
1. His mum is a singer and his dad is a drummer. (1)
2. He started to learn the guitar 7 years ago. (1)
3. Jack dreams of playing a rock stadium in front of a crowd of 50,000 people. (1)
4. He would prefer to be famous because he is talented and because he writes songs that people love. (2)
5. He prefers to keep his self-respect. (1)

Exercise 4 – page 102

L'Islande	To promote visiting Iceland.
La musique et moi !	To share his passion and experience of music.
Est-ce qu'il est possible d'être amis avec ses profs ?	To examine relationships between teachers and students.

Preparing for listening
Exercise 1 – page 103
1. 2 years ago, in July.
2. She was nervous because she didn't speak very good English and she'd heard the Scottish accent was difficult to understand and that people spoke very quickly.
3. She loved the landscape/scenery and the people were all very nice.
4. She found the weather difficult. It rained every day and it was very cold.
5. She had heard that the men wore kilts and that everyone ate haggis.
6. She misses her penpal's family and the historic monuments and architecture.

Exercise 2 – page 103
1. Her experiences and impressions of Scotland.

Exercise 4– page 104
1. He plays classical guitar/he is learning the trumpet/he also likes art.
2. At least once a day.
3. He plays football for his school team/running (keeps him in shape)/mountain biking (his new passion).
4. He delivers papers in the morning before school.
5. 1 and 4.
6. He eats breakfast with his family/he studies (as he has exams soon).
7. He would like to go to university to study Law and Mandarin/Chinese/spend a year in China to learn the language.

Key vocabulary
Exercise 8 – page 110
1. 04 76 23 47 89
2. 03 21 12 15 67
3. 01 34 56 87 22
4. 02 25 49 13 06
5. 06 98 17 36 28
6. 05 59 65 15 91
7. 06 10 01 18 99
8. 01 02 32 14 44
9. 09 45 04 69 77

Notes

Notes

Notes

Notes